领导者必修课

指導者の条件

[日] 松下幸之助 著

赵晓明 译

人民东方出版传媒
People's Oriental Publishing & Media
東方出版社
The Oriental Press

图书在版编目（CIP）数据

领导者必修课/（日）松下幸之助 著；赵晓明 译 .—北京：东方出版社，2024.8
ISBN 978-7-5207-3944-3

Ⅰ.①领… Ⅱ.①松…②赵… Ⅲ.①企业领导学 Ⅳ.①F272.91

中国国家版本馆 CIP 数据核字（2024）第 091764 号

[SHINSOBAN]SHIDOSHA NO JOKEN By Konosuke MATSUSHITA
Copyright © 2006 PHP Institute, Inc.
All rights reserved.
First original Japanese edition published by PHP Institute, Inc., Japan.
Simplified Chinese translation rights arranged with PHP Institute, Inc.
through Hanhe International (HK) Co., Ltd.

本书中文简体字版权由汉和国际（香港）有限公司代理
中文简体字版专有权属东方出版社
著作权合同登记号 图字：01-2023-5086 号

领导者必修课
（LINGDAOZHE BIXIUKE）

作　　者：	［日］松下幸之助
译　　者：	赵晓明
责任编辑：	刘　峥
出　　版：	东方出版社
发　　行：	人民东方出版传媒有限公司
地　　址：	北京市东城区朝阳门内大街 166 号
邮　　编：	100010
印　　刷：	北京联兴盛业印刷股份有限公司
版　　次：	2024 年 8 月第 1 版
印　　次：	2024 年 8 月第 1 次印刷
开　　本：	787 毫米 ×1092 毫米　1/32
印　　张：	9
字　　数：	114 千字
书　　号：	ISBN 978-7-5207-3944-3
定　　价：	79.00 元
发行电话：	（010）85924663　85924644　85924641

版权所有，违者必究
如有印装质量问题，我社负责调换，请拨打电话：(010) 85924602　85924603

前 言

以前电视上曾播放过历史剧《天与地》。这部电视剧的大概内容想必大家也都略知一二，讲的是日本战国时期武将上杉谦信的故事，其中有些情节给我留下了非常深刻的印象。那就是上杉谦信的父亲——越后守护代长尾为景的领地被管理得井井有条，但是长尾为景去世后，权力交接到其子长尾晴景这一代，转眼之间国家陷入混乱，战火连绵不断。仅仅因为换了一位领导者，整个国家的情况就急转直下。看到这样的剧情，我不由得深刻感受到领导者是多么重要。

其实，关于这一点，从我们平时的经历，对照一些所见所闻，也能感受其中一二。大到一个国家，如果有杰出的领导人，国家一般就会繁荣昌盛；相反，如果领导人不得人心，势必天下混乱、国力衰退。小到一个公司，社长决定公司的未来。甚至公司里的一个部门或一个科室，也会因为部长或科长的原因而决定业绩的走向。

从最终结果来看，可以说一个组织的管理是否完善，从某种意义上来说取决于是否有一个合适的领导者。也可以说，所有的责任都在领导者一人身上。

因此，不管组织规模的大小，身居领导者位置的人，必须深刻认识到自己肩负的责任重大，对于自己的应有状态，也应该不断予以反思和探讨研究。

我平时对自己就是这么要求的。我不断进行自我反省，同时为了提升自我，向古往今来的优秀领导者学习，我特意拜托PHP研究所的研究人员收集关于这些人言行事迹的资料，随时翻阅，以作参考。

学习了这些收集来的资料后，我受益匪浅，于是从中选出101项事例，并将自己的一些感想加入其中整理成书。对于我来说，本书可以说是本人自我学习的教科书。我时常把它放在身边，想用它进行自我的日常矫正。同时，无论是身居要职的政治家，还是普通公司的小班长、组长，各种层面意义上的领导者，以及将来想成为领导者的人，都能阅读此书，相信大家一定能和我一样从前人的丰功伟绩中获益匪浅。同时，如果大家能将学到的东西充分应用到各自的岗位上，不但能为国家的发展做出贡献，也会带动自己所在的团体或企业的发展，给更多的人带来福祉。

另，本书中所列举事例，参考了很多相关书籍，相关书目一并列在本书最后。特此申明，以示感谢。

松下幸之助

目录

- *001* 实事求是
- *004* 该说的地方必须说
- *007* 为公而怒
- *010* 一视同仁
- *013* 不惜生命
- *015* 向神明祈愿
- *018* 善于说服别人
- *021* 遇事沉着
- *024* 下定决心
- *027* 价值判断
- *030* 避免过度竞争
- *033* 宽严自在
- *036* 听言纳谏
- *039* 感恩之心
- *042* 培养敏锐的直觉
- *045* 做事有魄力
- *047* 严厉
- *049* 下定决心
- *051* 善于利用权威
- *054* 责任在己
- *057* 谦虚自省
- *059* 权限下放
- *062* 增长见识

065	注重公平		
068	光明正大		
070	胸怀大志		
073	保持思考		
076	心有所畏		
078	坚持到底		
080	引导自主性	097	重视小事
083	摒弃私心	099	仁爱之心
085	领导理念	102	赏罚分明
087	清醒的自我认知	104	尽人事，听天命
089	肩负使命感	106	忍辱负重
091	自问自答	108	积累信用
093	集思广益	110	用人不疑
095	知进退，懂取舍	112	保持热爱
		115	发挥每个人的长处
		117	诚实可信
		119	勇担责任
		121	顺从社会

124	说服力		
126	超越世俗的意见		
129	先见性		
132	先忧后乐		
135	当机立断		
138	率先垂范		
141	大义名分	162	受人使用
144	抓大放小	165	适岗用人
147	大将稳坐中军帐	168	向对手学习
149	大将之威	171	天下之物
152	格局高	173	天地自然之理
155	正确的信念	176	坚定信念
157	水库式经营	179	修养德性
160	和谐共荣	182	独立心
		185	不拘泥于旧有观念
		188	努力
		191	目光长远
		194	做好自己

197	人类观		
200	懂得人情世故的微妙之处		
202	充满热情		
205	收服人心		
208	善于组合搭配用人		
211	善于锻炼人	236	善于夸奖他人
213	善于用人	239	把工作交给他人
216	因人施策	242	转换思路
219	求贤若渴	245	自我激励
222	日日新	248	不战而胜
224	开阔眼界	250	学会发号施令
227	没有不可能	253	给出明确的目标
230	提出方针	255	充分发挥自己的特点
233	有容乃大	258	有勇气
		261	处治思乱
		264	理外之理
		267	再三谦虚,再三感谢
		270	后记

实事求是
领导者对人对物都需要实事求是

　　圣德太子制定的《十七条宪法》中的第一条为"以和为贵，无忤为宗。人皆有党……"。其中"人皆有党"的意思就是所有人一定会有属于自己的团体或者党派等类似的组织。圣德太子对人类本质的理解可谓一针见血。

　　确实，只要有人聚集的地方，即使规模大小有差别，也一定会出现团体或者党派，只要有人的地方，自然就会出现这类东西。

　　但是，这样的团体、党派在社会整体的管理上，很多时候会带来弊病。尤其是在"派阀"盛行的今天，这种倾向更加明显。有鉴于此，很多人主张"消除派阀"，并为之努力。但事实上，效果似乎微乎其微。从源头上来讲，派阀的产生和存在本来就是人类的本质使然，想将其消灭根本就是不现实的。换句话说，派阀的存在是无法消除的，人们应该承认它的存在，并加以善用。这个观点，早在圣德太子的时候就已经被认可了，所以才有"以和为贵"的说法，也就是不局限于本帮本派的团体利益，而必须重视整体的和谐。

这也正是圣德太子的伟大之处。因为想改变人的本性是不现实的，试图将其改变的努力最终也只能归于徒劳。所以，对于人类的这种本质首先必须实事求是地加以承认，接下来最为重要的是考虑如何解决问题。其实这一方法论，不仅限于解决人与人的问题，还可以应用到所有事情上。

但是，实际操作起来其实是非常困难的，因为人往往会被好恶感情或利害关系所左右，从而只看到对自己有利的一面。这样做的人最终只能看到背离事实的形态，无法做出正确判断并犯下错误。

所以，作为领导者必须竭尽可能摆脱局囿，实事求是地看待事物。有一点必须时刻铭记：只有坚持实事求是地认识事物，才可能孕育出杰出的领导者。

该说的地方必须说
领导者该严厉就得严厉，该说就得说

明治维新时期，在讨伐彰义队之战中，担任政府军指挥的是长州藩出身的大村益次郎。此次战斗政府军兵力不足，因此指挥部中"慎重论"占据上风。尽管如此，大村仍认为胜算十足并决定采取武力讨伐的方针。

战斗初期，彰义队攻势非常猛烈，政府军陷入苦战。尤其是萨摩藩负责攻打的黑门口战况尤为激烈。萨摩藩的一位队长赶来向大村请求增援，却被大村拒绝。那位队长愤然说道："您是想让我们萨摩藩的战士全部战死吗？"

"正有此意！"大村回答道。

这一命令传达给现场士兵后，所有人抱着必死的决心殊死搏斗，终于一举攻占黑门口。

在之前第二次讨伐长州的战役中，也有过全军临河犹豫是否进军的境况，大村激励全军"毋宁全军溺死"，最终大获全胜。

这些话确实都非常严厉。但是，在狭路相逢勇者胜的战争中，如果被下属抱怨"这不是让我们全部战死吗"的时候，只考虑照顾对方的感受，说"不，不是这样的，还请不要放在心上"，是绝对无法鼓舞士气取得胜利的。大村益次郎是一位卓越的军事战略家，在讨伐彰义队之战时，整个战局因其巧妙的战术而大获全胜。在个别的战斗中，也有以这样严格的态度来激励政府军的士气，从而取得重大战果的事例。

尽管这是在战争这种极端特殊背景下出现的事情，但是不管在什么样的场合，身为领导者，能够严格指出该说的事情，是非常必要的。如果该说的事情不敢说出来，一味迎合别人的想法，就算能够在短时间内获得众人的认可，长期来看必然会人心涣散，最终导致破坏大局的恶果。

美国前总统肯尼迪,在其就职演讲中曾向国民呼吁,不要总是问国家能为自己做些什么,而要问自己能为国家做些什么。

身居领导者之位的人,无论什么时候,都应该像肯尼迪一样拥有严格的一面,该说什么的时候就大胆说,该呼吁什么的时候就大胆呼吁。

为公而怒
领导者应该具有身为领导者的愤怒

联邦德国总理康拉德·阿登纳会见美国总统艾森豪威尔的时候,曾经说过三件事。第一件是"到了七十岁的时候才会逐渐明白人生,所以在七十岁之前其实是没有什么资格来解释人生的",第二件是"不管到了多大的年纪,至死都要坚持工作是一件非常重要的事情"。这两件事情经常被人提起,也容易理解。

但是,第三件事情却与前两件略有不同,那就是"一定要愤怒"。

是不是感觉有点不可思议?愤怒、生气一般来说算不上是什么好事。正常来说,应该尽量避免生气,平和待人,尽量在谈笑之间将各种事情圆满解决,这才是常人所理解的最为理想的做事方式。

但是，阿登纳却说"一定要愤怒"。这又该如何理解呢？

这里所说的愤怒，不是个人感情上的愤怒，也就是所谓的私愤，而是来自更高立场的愤怒，也就是为国家大众发怒。身居领导者之位的人，因个人感情产生不必要的愤怒，当然是不对的。但是，作为领导者这一公共身份，需要考虑事情的对错，对于无法原谅的错误，必须学会发怒。

阿登纳作为联邦德国的领导人，将在第二次世界大战中被战火破坏得最为严重的国家重建为世界上最发达国家之一。阿登纳所说的发怒指的是为了国家和国民考虑而抱有的强烈愤怒。当时被美国占领的联邦德国，在宪法制定和教育改革上能够贯彻独立自主的方针，其底气正是源于总理阿登纳为公的愤怒。

一国的总理需要有身为总理的愤怒，同样身为公司的管理者，也需要有作为管理者的愤怒。而不够强势的领导者是做不到的。更不要说像当今社会一样，不管是日本还是全世界，到处都面临困难局面，各种难题都已经堆积如山。作为领导者必须学会不受个人感情左右，敢于为公直言表达愤怒来解决各种问题。

一视同仁
希望领导者对待敌人也能宽容相待

上杉谦信和武田信玄可谓一对宿敌，从有名的川中岛战役开始，他们之间经历大小无数的激烈战斗。曾经向武田信玄的领地供应盐的金川氏和北条氏，有一段时间由于与武田信玄之间出现纷争而停止供应。而武田信玄的领国甲州和信州都是远离大海的山区，在自己的领地上无法生产盐。由于缺盐，武田信玄领地里的百姓苦不堪言。

这时，上杉谦信听说这一情况后，马上修书一封告知武田信玄："金川、北条停止向你国供盐，身为武将（这种做法）实为卑劣。我只希望能在战场上与你一决胜负，关于用盐之事，你需要多少我均可提供。"之后，确实也按照约定如数供应。武田信玄和领地百姓都对上杉谦信非常感谢。

上杉谦信在将星如云的战国时代，也以勇猛果敢而闻名，其骁勇善战之姿连鬼神都会退避三舍，但同时他又是一位重义之人，从上文的故事中也可以看出他的慈悲之心。正因为他是这样名副其实的武将，所以他才能得到众人的仰慕。

一般情况下，如果知道自己的敌人陷于困境之中，恐怕拍手称快才是人之常情，甚至就算趁此机会大举进攻也不为过。但是，上杉谦信却没有这么想。在他看来，自己与武田信玄的战争是为了天下大义，而不是为了让万民陷于苦难。如果武田信玄领地的百姓因为缺盐而苦不堪言，优先考虑救民于水火才是自己的职责，之后再于战场之上堂堂正正决一雌雄才是谦信内心的真实想法。

即使在今天，国家之间或者一国内的政党之间、团体之间乃至企业之间的竞争和对立也无处不在。其中从感情上的对立升级为对对手的憎恨，最终使得纷争恶化、导致惨剧发生的情况也不在少数，这样的事情只会给双方带来不幸。

竞争是必要的，对立也是可以存在的。但是，希望身为领导者的人也能时刻提醒自己像上杉谦信一样胸怀宽阔，对待敌人也能一视同仁，宽容相待。

不惜生命
领导者在重要关头要有不惜生命的气魄

曾担任日俄战争朴次茅斯和谈会议全权大使的小村寿太郎，在就任政务局长期间，朝鲜发生了王城事变，小村被选派负责处理该事件。毕竟是一件国际大事，小村冥思苦想仍然拿不定主意，于是拜访胜海舟向他请教，胜海舟给他的答复如下：

"我自己也经历过江户开城等重大谈判，每次也都是颇费苦心。从结论上来说，如果把个人生死放在心上，那就什么事情都办不成。反之，只要豁出性命尽心尽力，剩下的在现场随机应变就可以。"

听到这些话，小村鼓足了勇气，最终以恰当方案解决了困难局面。

不惜生命，这也是经常听人说起的一句话。但是，从经历明治维新数个生死关头的大事件并妥善予以解决的胜海舟嘴里说出来，格外令人动容。大概这就是所有成大事之人最重要的心态。只有下定不惜豁出生命的决心，面对各种各样的困难才能爆发出自如应对的力量。

话虽如此，但是事到临头难以下定不惜豁出生命的决心，也是人之常情。但是，换个角度来想的话，在我们现在每天的生活和工作中，其实也是有很多事情是与生死相关的。比如，每年都会有很多人因为交通事故失去生命。所以，我们外出上街或者坐车也是一种冒着生命危险的事情，只不过我们并没有意识到而已。

顺着这个思路想的话，为我们怀着使命乐在其中的工作豁出生命也并不是多么困难的事。

至少对于领导者来说，或多或少都要有一种为了工作不惜豁出生命的心态。

向神明祈愿
领导者需要有祈愿般的诚挚之心

江户幕府时代，实施了宽政改革的松平定信在就任老中①第二年的正月初二，向吉祥院的欢喜天佛献上许愿书，其大意如下：

"愿以阖家性命祈愿，今年稻米丰收，价格平稳，百姓安居乐业。如若心愿不成，导致百姓穷困，唯愿一死。"

此外，在他自己的传记里还写到每日都要向东照宫祈祷七八次以求能够不负重任。在松平定信之前的田沼统治时代，由于连逢天灾加上财政散漫，卖官鬻爵日益加重，最终导致纲纪混乱、物价飞

---

① "老中"为江户幕府常设最高职位，通常由数名组成，按月轮换执行政务。——译者注

涨。松平定信为了改变这一现状，决心进行彻底的政治改革。赌上自己的身家性命向神明祈祷，也正是表明其决心的坚定。尽管只凭借松平定信一人之力无法改变时局，但也取得了非凡的成果，为德川幕府后期谱写了一段辉煌的历史。

自己不做任何努力，一味向神明祈祷上天的恩惠，不是应有的态度。不劳而获的恩惠，也是根本不存在的。

但是，当一个人真心开始做一件事情，发自内心地希望取得成功的时候，自然而然就会有祈祷的心情。有的会向神明许愿，有的则会以自己的想法来设定某个事物来祈愿。一方面这是他认真程度的一种体现，另一方面从通过这一方式来坚定自己决心的角度来看，也确实很有意义。

更不用说，身为领导者的出发点不是个人的得失，而是像松平定信一样是为了天下万民的幸福祈祷，确实是值得尊重的事情。

作为领导者，无论做什么事情重要的一点就是必须以认真的态度来对待。这时，还需要考问自己，是否有着像向神明祈祷般的诚挚之心。

善于说服别人
领导者要善于说服别人理解自己的想法

真田幸弘十三岁就任松代藩家主,领十万石俸禄,待到十六岁行成年礼之时,为了解决藩内窘迫的财政问题,提拔了身居家老末位的恩田木工进行财政改革。

于是,恩田木工先将本家府邸的家人、亲戚全部召集到一起说:"此次受命担此重任,需带头贯彻一切从俭,但又不忍强迫家人、亲戚吃苦,所以只能休妻弃子,与亲戚断绝关系方能安心奉公。"众人都感到非常吃惊,哀求道:"不管吃什么样的苦,都会按照你的要求来做,所以千万不要这么做。"恩田木工听闻家人这么说,也欣然接受。

接下来,恩田木工又把领地百姓的所有主家召集到城内,当着藩内掌权人物和官员的面,要求他们配合进行财政改革。具体要求就是在财政恢复稳定之前,将迄今为止的藩内债务暂时搁置。作为补偿,今后大家可不再向藩主上交过多的税金和各种临时税,以此来维持藩内正常的财政运转。领地内人民看到恩田木工清正廉明的表率,对其品行更加信任,主动答应愿为重建藩内财政而搁置债权。最终,在藩内官民的通力合作下,藩内的财政问题得以成功解决。

领导者在想办成什么事情的时候,非常重要的一点就是充分说明自己的想法。比如,一家公司、一个国家需要向什么方向发展,为实现目标,需要员工或国民如何配合,都要予以明确的说明。不管遇到什么样的事情,都需要进行这样的说明。尤其是遇到重大困难或极其重要的事情时,充分的说明就更为重要了。无论是谁,遇到大事的时候,往往会犹豫动摇,从而难以决断。在此关键时刻,只要领导者能够进行适当的呼吁,众人就会团结一致,渡过难关。

为实现这一目的，领导者必须具有无论面对什么状况都绝不动摇的信念，不但要注意培养自己的坚定信念，在遇到问题的时候，还务必不要忘记秉持信念说服众人。

遇事沉着
领导者在遭遇危机之时必须保持冷静

在丰臣秀吉与德川家康之间的小牧战役中,秀吉一方率两万大军突袭家康的大本营三河。不料这一绝密作战计划被家康获悉,秀吉大军在向三河进军途中,于长久手这个地方遭到家康军的追击。

此时羽柴秀吉[①]大军一心关注行军前方,完全没有注意到后方的追兵。由于后方受到突然袭击,大军自上而下一片混乱,第一队大将池田恒兴、第二队大将森长可战死,就连担任总指挥的三好秀次也在战马上被火枪击中,九死一生才逃出去。秀吉军大败而归。

---

① 丰臣秀吉原名羽柴秀吉,长久手之战时尚未被赐姓丰臣,故称羽柴秀吉。——译者注

但是，在秀吉的败军之中，却有一人扬眉吐气，那就是率领第三队的大将堀秀政。在得知敌军偷袭的时候，秀政没有丝毫慌乱，他冷静地排兵布阵，命令火枪队布好阵型："待敌军行至十间①距离内一齐射击。每打倒一名骑马武士，赏禄一百石。"家康军蜂拥而至时，遭到了秀政军队的火枪齐射。战场局势急转直下，家康军大败，丢下数百名战死士兵的尸体落荒而逃。部下正打算乘胜追击的时候，秀政连忙阻止说"穷寇莫追"，然后整军返回秀吉的中军。

秀政在这场战斗中的态度，充分说明了领导者在出现非常事态时的重要性。一般人在面临困难的时候，大多会出现恐惧或动摇的心态。这种时候，统帅或者领导者如果率先惊慌失措，就会加重众人的不安心理，带来更大的动摇，最终导致一发不可收拾，陷入彻底混乱的局面。相反，假如主帅可以

---

① 长度单位，1间约为1.818米。——译者注

沉着冷静处置，大家看到主帅的样子也会感到放心、受到鼓舞。这样就可以摆脱动摇、混乱的状态。

当然，领导者也非不食人间烟火之人，当然也会有感到不安、一筹莫展的时候。但是，即使内心感到不安，也绝对不能轻而易举地表露出来。一般人对领导者的态度异常敏感，领导者的态度马上就会传到所有人员耳中，慌乱必然导致士气降低。

因此，领导者在平时就应锻炼强大的内心，在遇到事情时也可以保持沉着冷静，无论遇到什么困难局面，最为重要的就是能够以沉着冷静的态度加以应对。

下定决心
领导者每当遇到大事都要鼓起勇气面对

织田信长的武将柴田胜家在与近江的佐佐木承祯打仗时，因战事不利最终主城被包围得密不透风。雪上加霜的是，城内的水源断绝，士气衰落，不日城门即将被攻破。

这一天，佐佐木为了窥探城内状况派使者前往。其实城内用水非常紧张，但柴田胜家当着使者的面故意毫不吝惜地用水，因此使者误以为城内还有很多水，判断围城还需要持续一段时间。没想到，在使者走后，柴田胜家命人将所有的水缸如数搬出，让所有人把水喝个够，然后将水缸全部砸碎，大叫道："身为武士，与其坐而待毙，不如主动出击光荣战死。"第二天拂晓时分，城内将士打开城门一路砍杀出来，看到柴田军不要命的打法，佐佐木军转眼之间土崩瓦解，最终柴田军获得大胜。从此以后，柴田胜家便有了"砸缸的柴田""鬼柴田"的称号。

这就是常说的死中求生方能成功。任何人都很爱惜生命，都不想轻易赴死。但是，如果只在意生死，那就无法发挥出真正的力量。尽管如此，即使口头上再怎么说不怕死，那也不是轻轻松松就能做到的。就是在这样的生死关头，胜家做出了令人瞠目结舌的举动，将装着救命之水的水缸全部砸碎，即主动将自己置于绝境，以此来让部下做出决一死战的决心。

所有人抱着必死的决心主动出击，当然肯定会有一定的伤亡，但是最终结果却大获全胜。这在正常人看来是完全没有道理的，但也正是它的神奇之处。

正常情况下，我们应该爱惜生命、爱惜物品、爱惜钱财。但是，在特殊情况下，面对重大问题的时候，如果还想着这些东西，反而更有可能失去。

在遇到紧急情况的时候，不管是贵重物品还是钱财甚至是生命，如果不得不失去这些东西，还不如抱着主动放弃的心态来对待。如果有这样的思想觉悟，本来十成的损失说不定就能减到五成，甚至还可能不但没有损失，反而取得意想不到的成果。

虽然这种事情无法用道理来解释，但无论从历史事实还是从各自的经历来看都是现实存在的，对于领导者也是应该时刻牢记的。

价值判断
领导者必须正确认识人和物的价值

藤堂高虎出身贫贱,却受到丰臣秀吉的赏识,最后还得到德川家康的重用,被赐予伊势三十二万石。此外,他还作为唯一一位外样大名进入德川幕府的政治中心。

就是这位高虎,有一次花了两万石的高额俸禄招仕了一位名为渡边了的有名勇士。知道这件事情的其他大名嘲笑高虎说:"就算渡边再怎么厉害,同时被很多人袭击也无法取胜。给一个人两万石,真是太浪费了。要是我的话,宁可招仕一百名两百石的勇士。"高虎听到此话后说道:"此言差矣,即便有一两百普通的守卫,也会被敌人破阵。但是,如果听说是名闻天下的渡边了在守卫,大部分人会胆怯而不敢前来。这两者的价值不可同日而语。"

正如高虎所言，在之后的无数次战斗中，藤堂家因渡边了的英勇战斗取得了丰硕战果。

这件事充分说明了正确认识事物价值的重要性。一开始，大家也许会觉得其他大名的说法是正确的。但是渡边了的英勇之名世间皆知，这是一种无形的价值。而高虎对这一无形价值给予了高度评价，哪怕出两万石俸禄都在所不惜。

进行正确的价值判断，对任何人来说都是必要的。尤其对领导者来说，更是必不可缺的重要因素。例如古董商，如果没有看到商品就能马上判断出其价值的能力，就无法做好这个营生。

经营公司也是如此，有的人给他十万日元月薪都觉得太高，也有优秀的人才哪怕给一百万日元也会觉得太低。领导者如果不能在一定程度上进行这样的价值判断，那就无法合理地使用人才。此外，如果领导者不能正确认识公司的经营能力、技术能力、资本能力，以及综合所有这些因素的经营实力，就有可能在经营方向上判断失误。同样，在治理国家的层面上，也必须在正确认识本国历史、传统价值、综合国力的基础上进行政治管理。这样的价值判断，对于领导者来说是非常重要的。

避免过度竞争
领导者必须拥有爱人爱己、共存共荣的精神

中国的古代圣人墨子说过这样的话,大意如下:

当今天下之害,就是国与国之间相互攻伐,家族与家族之间相互掠夺,人与人之间相互残害。这些天下之害,导致人与人之间不再相爱,只知道爱自己的国家而不知道爱他人的国家,只知道爱自己的家人而不知道爱他人的家人,只知道爱自己而不知道爱别人。由于人与人之间不能相爱,强者猎获弱者、富人欺侮穷人、工于心计者欺负老实人。天下祸害怨恨皆源于人与人之间不能相爱。所以,互爱互利是非常重要的事情。

墨子的这番言论,是完全无须再予以补充说明

的不刊之论。这样的哲理，在两千五百年以前就已经得到了圣人的揭示。如果人们听从了这样的教诲，现在的世界可能已经非常完美和谐。相反，之所以现在的世界尚未达到这样的水平，主要是因为人们没有真正理解这番话的重要性，也没有将这一精神予以贯彻。

墨子的这段话，可以看作是告诫人们要避免过度竞争。适当的竞争和遵守规则的竞争可以带来进步和提高。但是，如果无视规则，一味依靠蛮力来打倒对手，这样的竞争就是过度竞争。

国与国之间的过度竞争，会导致战争。个人与个人之间的过度竞争，会带来争吵，有时甚至会升级为杀人事件。企业之间的过度竞争，会以资本横行的姿态出现，导致中小企业破产。这样的过度竞争，轻则给人带来伤害，重则给整个社会和世界带来混乱，最终也会对自己造成反噬。

从结果来看，相互之间的利害是相通的。像爱自己一样爱他人，像爱自己的国家一样爱其他国家，只有这样才能带来真正的幸福与和平。

作为领导者，必须贯彻爱人爱己的精神，摒弃过度竞争，不断追求合理的规则，时刻抱有实现共存共荣的心胸。

宽严自在
领导者待人需宽严得宜

江户时代的明君之一,备前冈山藩主池田光政曾经说过这样的话:"想要治理好国家,领导者需恩威兼备。如只有恩而无威,下属会像撒娇的孩子不听教训一样,最后一事无成;相反,一味地以威逼人,下属看上去很听话,但实际上逐渐疏远,最终也无法得到理想的结果。正确的做法是以恩使人亲近,而且应该赏罚分明不使法度崩坏,这样才是真正的威。所以,没有恩的话,威也没有任何用处;没有威的话,恩也无法发挥作用。与这些相比,更重要的是,如果无法体察下情,无论恩还是威都是不存在的。"

这真是再好不过的至理名言。恩威的说法,换句话可以说是宽与严,或者可以说是表扬与批评。

这两者需要兼备，而且还需要掌握合适的度。如果一味和蔼待人，人们就会因恃宠而骄，无法成长；相反如果一味严于待人，人们就会畏首畏尾，阳奉阴违，无法做到坦荡自主地工作。所以，非常重要的一点就是恩威并施，不能偏于其中任一方，做到宽严得宜。

但是，宽严得宜在我看来并不意味着严厉与宽容各占一半，严厉的部分应该尽量少一点。比如20%的严厉和80%的宽容，甚至将严厉的部分降到10%，剩下的90%用来宽以待人。虽然实际做起来会比较困难，但是这样才是充分发挥人的积极性的最理想状态。

实际上，大部分时候能做到态度和蔼的领导者，他的部下往往能认真工作，也能取得相当的成果。这是因为这样的人，都能很好地掌握严厉态度的核心要点，并将严厉态度灌输到每个人的工作之中。

正如池田光政所说，只有做到体察下情，换言之，只有了解世间的实际情况或精于人情世故，才能做到宽严得宜。我认为，无论如何，作为领导者，应该时刻提醒自己，尽量减少严厉之处，并能做到宽严得宜。

听言纳谏
与美言相比，领导者更要乐于倾听逆耳忠言

堀秀政曾经仕于织田信长和丰臣秀吉两任将军，文武双全，被世人称为"名人左卫门"。当时，有人将秀政的治理弊端罗列了三十多条，写在一块木牌之上，将木牌竖在了秀政的城下。于是，秀政的忠臣们经过一番商讨，将木牌给秀政过目，并说："胆敢做出此事之人，一定要抓起来严惩。"

但是，秀政认真读过木牌上的内容后，起身换上正式的装束，用清水漱口洗手，一脸严肃地接起木牌说道："难得有人能做出如此谏言，这必是上天的赏赐，今后可作为我家的至宝。"言毕将木牌放入漂亮的袋子内，然后置于木箱之中保存。同时，秀政还将家臣们召集到一起，一条一条地研究被指出的弊端，并将与藩政有关的、能改正的地方全部进行了纠正。

领导者在推行政务的时候，听取大家的意见和收集各种信息是再自然不过的事情。这时，更重要的不是听大家的美言，而是多听取大家的谏言。对于溢美之词中包含的信息，只要听一听就可以。但有人指出问题或提出应该如何做时，就需要采取各种相应的措施。但是，往往这样的建议很难让领导者听到，因此也就无从采取应有的措施。

谏言其实是很难进入领导者耳中的。因为，跟不好的话语相比，谁都更愿意听到美言，这是人之常情。听到美言就会开心，听到逆耳之词就会不愉快，心情也变差。所以下边的人也就变得只进美言，最终导致领导者无法判断事情的真实情况，这也是世间常态。

德川家康曾经说过，对君上的谏言比一番枪[①]更有价值。一番枪对于以前的武士来说是至高无上

---

① 最先持枪闯入敌阵的武士。——译者注

的名誉，但是敢于谏言的人却比一番枪更加珍贵。换句话就是，谏言比战斗中最先闯入敌阵的功绩还要珍贵，而且更加困难。

所以，身为领导者应该尽量主动发现谏言和逆耳之言中的信息，并创造出鼓励大家直言不讳的环境。秀政正是因为知道其中的重要性，所以才采取了那样的态度。

感恩之心
领导者对任何事物都要怀有深刻的感谢报恩之心

在亲鸾看来，我们每个人都是非常伟大的。但是，他却称自己为"愚秃亲鸾"，说自己是无法斩断烦恼和爱欲的无可救药之人。尽管如此，他仍坚信阿弥陀佛的本愿，即通过大慈悲来拯救所有人。他教诲众人唱念南无阿弥陀佛佛号，从内心怀有感谢报恩之念。

对人们来说，这样的感谢报恩之心是非常重要的。毫无疑问，每个人都不可能只靠自己一个人的力量来生活，而是依靠天地自然的恩惠，大自然带给每个人生活必不可缺的各种物资。另外也得益于很多人在物质和精神两方面的辛苦劳作，才能使自己的工作和生活得以存在。换句话说就是，正是仰仗大自然的恩惠和他人的工作，我们才能实现自己的生存。

我认为，明白这样的关系并深怀感谢，要对大自然的恩惠和他人的这份恩情抱有予以回报的心情非常重要。这样的心情，可以让人迸发出无限的活力。无论做什么，这都能成为带来成功的力量。

另外，感谢之心还可以为事物赋予更多价值。好比收到一件东西后，如果觉得它一无是处，其价值就被无限降低。如果觉得它非常难得，那肯定就能发现其中的价值，更好地加以利用。所以，只要怀有感谢之心，即使收到的只是一片鹅毛，也可以从中找到价值千金的情义。

如果没有感谢之心，不管对什么事情都容易抱怨，从而让自己内心陷于黑暗，甚至还会给他人带来伤害。反之，如果拥有强烈的感谢报恩之心，不管遇到何种事情都能以欣喜之情对待，就能给内心带来光明，也能更好地与他人和谐共处、共存共荣。

这么看来，可以说感谢报恩之心对人来说是一种最为重要的心态,尤其对领导者来说,更必须拥有感谢报恩的强烈信念。只要所有的领导者都有了这样的强大信念,那么一定就能让整个社会实现真正意义上的物质和精神两方面的极大丰富。

培养敏锐的直觉
领导者要培养直观地看透事实的感觉

这是发生在日俄战争时的事情。被称为名将的黑木为桢大将在巡视前线的时候,只要说"今晚会有夜袭",当晚必定会有敌人前来进攻。

当然他也并没有什么特别的依据,只是隐隐约约地有那么一丝感觉,简单说就是直觉。

说到"直觉"二字,给人感觉好像是非科学的事物,实际上确实也非常难以给予合理的说明。正因如此,直觉对于领导者来说显得更加重要。

比如说,牛顿看到苹果落地,从而发现了万有引力。但是看到苹果落地的可不止牛顿一人,牛顿之外还有很多人也都看到过。而除了苹果之外,其他东西降落的现象恐怕每个人都曾经见到过。但是,其他人看到这样的现象并没有觉得有任何神奇之处，只有牛顿觉得这个现象很有趣，其中肯定包含什么道理。这就是直觉。牛顿正是基于这种直觉进行科学研究才发现了万有引力定律。所以，作为科学家，如果没有这种直觉，就很难做出伟大的发明和发现。

领导者也应具备领导者的直觉，必须养成直观地判断价值、明白事物是非的直觉。比如，商人必须看到一样商品，一眼就能判断出会不会畅销、有多大的价值。如果无法判断某种商品是否可以畅销，姑且先销售一下看看情况，这样的商人是不合格的。

那么，如何才能养成这样的直觉？我认为需要在积累经验和不断修炼的过程中逐渐培养。以前的剑法高手，都是通过感觉来判断对手的动作，在剑锋离身体三寸的时候才躲开对手的攻击。想要达到这样的层次，只能通过苦心孤诣的修行才能实现。

所以，领导者在积累经验的过程中，必须让自己经受严格的锻炼,才能培养出直观地看出真实情况的直觉。通过这样的直觉和合理的思考,一定能够诞生出伟大的成果。

做事有魄力
领导者要有坚持到底的魄力

织田信长灭掉齐藤氏,将居城从尾张迁至美浓时,开始使用"天下布武"的印章,之后还让长子织田信忠使用"一剑平天下"的印章。

此时织田信长虽说已经讨伐今川义元,大败齐藤氏,但也仅仅拥有两国之地。周围还有实力更加强大的群雄环伺,狼烟四起。就在这样的时期,信长一直抱着快刀斩乱麻,统一天下,使百姓安康的理想,可以说志向业已成型,魄力无比强大。

将信长的魄力体现得最淋漓尽致的举动就是火烧比叡山。那时,明智光秀等家臣极力劝阻烧掉桓武天皇、传教大师以来的灵场。信长说:"我为了平定天下,奉桓武天皇诏令,得传教大师许可而为之。即使因此受到下地狱的惩罚,也有信心在阎罗殿说服阎罗王。"正是这样的魄力，最终将家臣们说服，火烧比叡山一事得到执行。

织田信长火烧比叡山等一系列的行为，在后世也招致了不少批评。甚至还有人说，正是信长这样过激的性格，最终导致了明智光秀的叛乱。但是，尽管有时显得有些过激，正是信长这样的强大魄力，才终结了长年的战乱，开启了三百年的和平时代。

正如"断而敢行，鬼神避之"所说，作为领导者，如果在确定某个志向，或者下定决心做一件事情的时候，拥有坚决完成的魄力，这一点是非常重要的。

当然，在当今社会，以武力来实现某种目的是不可行的。就算是做好事，也不能做得过头。但是，像织田信长那样为了天下万民的大义，甘愿承受世间责难而果断决策的气魄，值得当今的领导者学习。

严厉
领导者要站在公正立场严格要求

能乐名人初代梅若实年轻的时候跟随山阶泷五郎学艺。有一次,他在学习谣曲的某一处时,反复练习了很多次仍然得不到师父的认可。他没有再向师父认真请教,而是唱了几遍敷衍了事。

最终梅若实流着眼泪反复请教,但是仍然没有达到令泷五郎满意的程度。过了一会儿,梅若实看不到师父的身影,以为当天的练习已经结束,就返回了家中。不想之后泷五郎回来看不到梅若实,于是问家人"梅若实去哪了,他应该还没有练好"。家人答复说他已经回家了。结果泷五郎大怒道"明天不用来练习了"。梅若实大为震惊,再三向师父请罪,终于才得到允许回来重新进行刻苦练习。

这个故事讲的是求艺修行的辛苦。不论是什么行业，被称为名人或者高手的人，无一不是经过这样严苛的修行，方能达到炉火纯青的程度。相应地，处于指导他人的立场之人，必须学会严厉教导的方法。

在这世上，严厉教导是位居领导地位之人的必备要素。作为领导者，行事作为都应为公而非为私。也就是说，领导者所做之事都应是为了建设国家社会，为了惠及国民百姓，而非谋取个人私利。

因此，领导者不可有所懈怠，无论对自身还是对下属都要严格要求。对个人而言确实痛苦不堪，时常会感到于心不忍。但是，只有不徇私情、防意如城、鞭驽策蹇、朝督暮责才是领导者成大事之必需，是世间对领导者无声的要求。

领导者只有在公家之事上保持严格要求的工作作风，才能够育人树人，成就大事。

下定决心
领导者一旦下定决心,自身就能够不断强大

中国春秋时期,吴王阖闾被越王勾践打败,因伤去世。临终之际,阖闾给儿子夫差留下遗言,让他一定要报仇雪恨。从此以后,夫差励精图治,时刻提醒自己不忘父仇。经过一番养兵蓄锐、等待时机,不到三年时间夫差就打败了越国。勾践也向夫差投降。

这次轮到勾践下定决心洗雪战败之耻,他在身边放上苦胆,经常舔苦胆以提醒自己不忘雪耻之志。经过十多年的等待,趁着夫差恃盛而骄、麻痹大意,终于取得了最后的胜利。这就是成语卧薪尝胆的由来。

对于领导者来说,一个非常重要的事情就是抱有志向。只有抱有某一志向,或者下定某一决心,才能把事情做成功。所以，立下志向、下定决心是非常有必要的，但是这并不意味着只要有了志向和决心就万事大吉了。更为重要的是如何坚持自己的志向和决心，为此需要不断给自己刺激，让自己的想法保持不变。

夫差和勾践都为了做到这一点，按照自己的想法做出了实践。吴王夫差铭记父亲的遗愿，终于实现了自己的目的，但是，正是这个夫差在完成夙愿之后放松了警惕，心生骄奢，最终又被勾践打败，这也充分体现了人性中软弱的一面。

曾经立下志向下定决心，从而完成了伟大功绩的人，同时也有着无法将志向和决心贯彻至终的弱点，这就是人性的复杂之处。

所以，即使不在柴草上睡觉，不用舔尝苦胆，也要按照适合自己的方法，每日激励自己，坚持自己的决心，这样的心态对于领导者来说是非常重要的。

善于利用权威
领导者偶尔利用某种权威也是非常重要的

织田信长在桶狭间之战讨伐今川义元的时候，信长在出兵之前，将士兵召集到热田神宫的神社前，向神明供奉祈祷胜利的檄文。正在这时，从神殿中传出了兵器碰撞的声音。信长马上说道："大家听到没有，这正是神明听到我们祈愿，为我军施加庇佑的证明。"士兵听了信长的话，果然士气大振。

信长之后还有火烧比叡山、与本愿寺开战的经历，无论怎么看他都不像是信奉神灵、皈依佛门的信徒。相反，他是个独断专行的武将。这样的信长，却利用神佛来鼓舞部下提升士气，确实让人觉得很有意思。

此战之中，今川方的军队人数为信长军的十

倍，信长方几乎没有取胜的希望，所以重臣们也都主张据守城内。因此，无论信长如何鼓励动员，都无法消除将士们心中的不安情绪。于是，信长借助了神明的庇护这一绝对强大的力量来鼓舞将士。也可以说，信长通过利用神明这一绝对权威来提高士气，最终带来了奇迹般的胜利。

我觉得领导者可以学习这类利用权威的方法。无论做什么事情，按照自己的想法和构思加以开展，也是一种可行方式。很多时候，利用更大的权威可以有效增强说服力。

一个最简单的例子，和尚或者牧师在布道的时候，与说"我是这么想的"相比，说"佛祖这么说""耶稣这么说"会更有说服力，对于听的人来说也显得更加深刻。

只要有一个权威的出处，大家都会围绕这个中心展开思考，并以此为出发点。这样一来，犹豫和疑惑就会变少，大家的行动也更一致，必然带来强大的力量。

所以，无论是神佛，还是伟大的先人或他们的教诲，或者是传统精神、创业精神，只要是具有某种权威的事物都是可用的。当然，还要当心不能盲从于权威，也不能滥用权威。对于已经存在的权威，领导者要学会适当地利用；如果没有合适的权威，也可以用某种形式来加以创造。

责任在己
领导者应该认识到所有失败的原因都在自己

日本明历年间,江户城和江户市镇因大火而遭受重大损失。当时的各级官员,有人拼命工作,也有不少人茫然四顾束手无策。所以有人提议为了今后的发展,将这些官员一一进行评审和奖惩。

当时,身居大老①之位的保科正之说道:"为了今后的发展是再正确不过的事情了,但是仔细一想的话,这么做只是徒增罪名而不能起到教育的作用。这次的大火是家康公入江户城以来七十年间都未曾有过的大灾难。也没有什么规定说遇到这样的大火之时该怎么做,所以人人都陷入了混乱状态。

---

① "大老"是江户幕府时辅佐将军的最高官职,统辖幕府的所有事务。只在非常时期设立,且只设一人。——编者注

考虑到以后，现在最为重要的事情就是决定今后再遇到大火的时候每个人该做什么事情。"在保科正之的建言下，对官员们的评审最终得以取消。

在遇到失败或出现问题的时候，谁都有不管怎样先从外部找原因的倾向。比如推脱说是某某人的问题、社会的问题，或者运气不好。但实际上，大部分时候原因其实都在自身。只要提前做好详尽的计划，执行过程中再随时加以慎重考虑，大部分时候事情就能得以顺利开展。

如果是领导者，几乎所有情况下100%的责任都在自身。即使部下有失败的地方，领导者首先要反省的也是，由部下承担责任是否合适，以及自己作为发出指令的人，是否给予了充分的指导和教育，这一点十分重要。

保科正之正是做到了这一点。在斥责面对火灾束手无策的下属官员之前，他首先想到的是自己身为领导者的责任，反省未能做好防火救灾方针，所以也自然而然撤销了对官员们的问责。保科正之不愧是身居会津藩主和大老之位之人。

如果能做到充分筹备,细致考虑且谨慎推进的话,只要过程中没有遭遇不测,基本上不会有失败的可能。领导者必须清楚这一点,在下属遭遇失败的时候,在追究斥责之前一定要有责任在己的意识。

谦虚自省
身为领导者，地位越高越要谦虚

前田利家曾收到福岛正则赠送的两尾鲤鱼，于是利家让家仆写封信表达谢意。家仆觉得利家是福岛的老前辈，身份也远在其之上，所以就拟了一份十分简单的信函。利家阅后让家仆重拟了一份，他说："正式的信函都有固定的格式，而谢函要尽量表达出对对方的尊重，要郑重地写上'有劳挂念、不胜感激'之类的谢词。特别是写给比自己地位低的人时，内容越郑重，对方就会越欣喜。如果因为对方比自己身份低，信函语气也低一等的话，就好像在强调我地位有多高高在上似的，只有身份低微的人才会这样做。"

前田利家为织田信长、丰臣秀吉重用，是历经百战的猛将，人品敦厚、德高望重。有人甚至认为，如果他还活着，德川家康就不会那么轻松地夺取天下。利家之所以能够受世人景仰，我觉得最重要的原因就是，虽然他的地位越来越高，但从不居高自傲，待人接物极为谦逊。

一个人地位越高，周围的人就会越尊敬他，但与其说是对个人不如说是对地位。长此以往，人往往就会变得傲慢，态度也渐渐蛮横。如此一来，百姓表面上恭恭敬敬，但敬意会逐渐消失，不再心悦诚服。如此一来，领导者也就无法动员百姓一起做大事。

因此，领导者无论地位多高，都必须谦逊自重。进一步说，地位越高，人越应该谦逊。这样一来，人们才会心服口服，认为他身居高位，却一点架子都没有，确实是个非常恭谨、伟大的人。抱着这样的态度坚持下去，领导者顺理成章地也会乐于听取他人意见，集思广益。

自古以来就有"饱谷常弯腰，智者常温和"的俗语，我觉得这句话是描述领导者应备素质的绝妙之句。

权限下放
领导者要基于每个人的能力考虑适岗用人

年轻的丰臣秀吉未改名前叫木下藤吉郎。那时，织田信长的清洲城里倒塌了长百间的城墙，过了二十余天也未能修缮完毕。有一天，藤吉郎正好跟随信长路过此地，不由得嘟囔了一句："战国乱世，外敌随时可能攻城，如此耗费时日可如何是好？"听到这句话，信长就命令藤吉郎去负责修城。

于是，藤吉郎一改之前杂乱无章的施工方法，将长一百间的城墙分成十部分，每部分长十间，筑城的人员也分成十组，每组负责各自的区域。也就是采用分包制来进行施工，自己则轮流到各个区域加以监督鼓励。结果仅用两天时间就完成了全部施工。信长见此非常感动，对藤吉郎大加褒奖并给他增加俸禄。

藤吉郎的做法，似乎与当下企业经营中的业务部制度异曲同工。按照以往的做法，众多工匠和劳工全都杂乱无章地混在一起做同一件事，所以总负责人需要浪费精力为所有人安排工作，而且很难对所有工作面面俱到，最终效率也无法得到提高。所以，将工作分割成合适的量，分清各自的责任范围，这样一来工作就不会出现不必要的浪费，总负责人也更便于从整体上把握工程进度。所以，工作效率得到提高，原本迟滞不前的工程也在两天之内竣工。

像这样将工作量合理分配成多份，把相应领域的责任和权限下放，并坚决贯彻执行的做法是非常重要的。一个人的能力无论如何强都会有极限，如果超出这个极限，往往会导致失败。最佳选择就是在能力范围内做事，如果工作难度超过能力极限，那就将工作拆分开来由数人来完成。

商场上经常会见到这样的情况，将几家公司合并后，有的能一帆风顺地发展，但是也有不少出乎意料坎坷受挫的情况。相反，将一家公司分割，或者彻底地将权限下放，使其在事实上成为独立公司，也就是进行专门化、细分化后得以长足发展的例子数不胜数。

　　作为领导者，必须学会考虑如何将责任和权限下放，按照每个人的能力相应地安排其工作。

增长见识
领导者要有明辨是非的见识

源赖朝在伊豆举兵却一败涂地后,曾经逃至房总广招各地武士以期东山再起。一部分豪族应声前来,但赖朝最为期待、势力最为强大的大豪族上总介广常却迟迟不来。源赖朝不得已只好放弃等待,挥师进军。此时,广常才终于带着两万大军前来。

当时赖朝的兵力仅有几千人,两万士兵可以说是一个庞大的数量。但是,源赖朝并没有开心地欢迎广常军。反而严厉责问广常为何之前一直拖延行事。无论是广常还是己方的大将都感到非常意外,或找借口分辩,或当和事佬为广常说好话,但是赖朝并没有轻易地原谅广常。原本广常还想着骑墙观望,甚至看情况倒向平家一方讨伐赖朝。经此事后，广常反而对赖朝由衷地敬佩，从心底发誓效忠于赖朝。自此，源赖朝得到这一大军助力，事业得以突飞猛进。

我觉得这还要取决于赖朝的见识。在当时的情况下，两万大军可以说是一支强大的力量。一般来说，这时候应该是欣喜雀跃，感激涕零。但是，如果源赖朝这么做了的话，会出现什么样的结果呢？其他虽然兵力不多却第一时间率部赶来的豪族一定会觉得受到了冷落。广常说不定也会仗势自傲，不服从赖朝的命令擅自行动。如果出现这种情况，必将无法确保军队的秩序，不管有几万大军，也不过是一群乌合之众。

人们在判断事情的时候，总是轻易用数量多寡和力量强弱为依据。当然，有时候也可以以这些因素为主进行考虑。如果在做事的过程中无视或者轻视这些因素，肯定会有很多无法顺利开展的情况。但是，这样的想法仅限于日常事务，或者说仅限于小事。在决定大事的时候，必须超越利害和得失来判断事情的是非对错，否则就容易出现方向失误。能否做到这一点，取决于领导者的见识。

在当今盛行慕强风潮的大环境下，领导者更应该拥有判断是非对错的见识。

注重公平
领导者需在各方面摒弃私心、注重公平

在中国春秋战国这一漫长的战乱时代，秦国国力一步步变强，终于在秦始皇的时候一统天下。秦国变强的原因之一是大臣商鞅严明法度，推行法治。

商鞅在推行变法政策的时候，不巧太子触犯了法律。商鞅说即使是太子，也不允许触犯法律，他虽然没有处罚太子，但严厉惩治了负责教育太子的人。这样的事是前所未有的，所以人们都非常吃惊。从此以后人人都严格守法，秦国国内再无偷盗和争斗，终于百姓富足，国家被治理得井井有条。

也有人认为商鞅的法律和法令过于严苛，带来了一定的弊病。但是，在法律执行中的公平性，确实是非常重要的一点。如果一般百姓犯法受到惩罚，而身份高贵的人却逍遥法外，就没有人真心守法。即使法律在表面上得到了遵守，人们心中却会对法律不公产生不满和怨恨，最终法律将无法得到人们的信任。

当今社会，民主主义已经是社会普遍共识，法律的运用看上去也得到了平等执行。但是实际又是怎样的呢？即使是个人的暴力行为得到了惩罚，但是仍有很多人以众人的名义，靠团体的力量来实施无形的暴力，即所谓多数的压力和专横似乎却得到纵容、横行无忌。如果弱者犯法严惩不贷，而有权势的人却不受任何惩罚，那么秩序就无法得到保障，人心也会日益涣散。

当然这并不仅限于一国的法律范畴，公司或团体的规定规章也同样适用。对于公司的规章，无论是新进公司的员工还是公司社长，都需要平等地遵守，违反公司规章的时候，也要公平地接受处罚。只有这样，公司内的秩序才能确保，士气才能提升。

所以，领导者要随时考虑如何才能做到公平。不拘泥于利害得失或对方的地位高低，一切以事物的正误对错为依据，公平地予以赏罚。

光明正大
领导者要躬身自省、问心无愧

东汉时期,有一位以廉洁闻名的政治家叫杨震。在他赴某地任太守的时候,之前他提拔过的一位名叫王密的官员偶然夜间前来拜访,一番叙旧之后拿出一大块黄金要赠予杨震。杨震当场拒绝,结果王密说道:"深夜时分,这个房间里只有你我二人,没有人知道我给你送金子。"杨震当时是这么回答的:"怎么能说没人知道呢?天知地知,你我不也都知道吗?"

听到这样的话,王密感到羞愧万分,连忙告退。此后,杨震的人格更加受到好评,因此被提拔为京城的高官。

古人说过"自反而缩,虽千万人,吾往矣",只要人的思想和行为做到光明正大,没有问心有愧的地方，就能产生巨大的勇气和强大的力量。相反，如果对他人有愧或者做了不磊落的事情，做事的时候底气就会不足。

但是，人都有软弱的一面，在别人看不到的时候，就容易受到诱惑而做出坏事。如果这个世界上没有警察，估计不少人心里就会想着去做小偷。但是，也不是所有人都能做了坏事仍然泰然处之。因为，人除了有容易受到诱惑的软弱之处外，同时还有自己的良心。

就算有人说没有人看见、没有人知道，也无法逃避自己的良心。因为这么做的话，就无法产生强大的力量。

所以，最为重要的就是，与别人能否知道相比，要看自己能否知道。天知地知这些所谓的神明，用现代的观点来解释可以说就是自己的良心。

作为领导者，为了拥有真正的勇气，开展宏伟事业，首先要扪心自问，自己是不是做到了问心无愧，是不是做到了光明正大。

胸怀大志
领导者要不断描绘自己的理想，怀有伟大的志向

1876年，美国阿默斯特学院校长威廉姆·克拉克博士受邀到北海道新开办的札幌农学校任教务主任一职。在之后的八个月里，他与24名学生同吃同住，开展教学活动。克拉克博士在离开学校的时候，留给学生们的临别赠言就是那句有名的"少年们，要胸怀大志"。

我们每个人在自己的人生旅程中，一件非常重要的事情就是要抱有自己的志向。孔子曰"吾十有五而志于学"，日莲在十二岁的时候就说过要成为日本第一的智者。有人可以树立一个志向，然后贯彻一生来实现；也有人在人生的不同阶段有着不同的志向，并将其逐一实现。不管什么样的形式，只要有这样的志向就值得嘉许。相反，如果人没有任

何志向，慢慢就变得浑浑噩噩，人生的喜悦和生存的价值都会变得模糊。人需要树立坚定的志向，并为实现志向迈出坚实的步伐，这样才能产生强大的力量。

个人的人生尚且如此，领导者自然更需树立坚定的志向。领导者只有树立坚定志向，并将自己的志向传达给集体里的每一个人，才能让大家朝着同一个方向迈进，才能产生巨大的凝聚力。如果领导者做不到这一点，那么大家就会迷失前进的方向。

此外，志向还要尽量远大。当然，如果是完全脱离现实的志向也没有太大意义。就像古人说的，只要功夫深，铁杵磨成针。只有树立远大的志向和目标，才能成就一定程度的事业。如果从一开始，自己的志向和目标就不够远大，原本能够成就的事业说不定也会失之交臂。

所以，在树立志向的时候，不能脱离现实，

需要考虑实际情况描绘自己的理想。从这个意义上来讲,我们完全可以把克拉克博士的话替换成"领导者们,要胸怀大志"。

保持思考
领导者要随时随地紧绷思想之弦

古希腊哲学家、科学家阿基米德，有一次接到皇帝的命令调查本应由纯金制成的皇冠里是否掺了杂质。因为皇帝给了工匠一块金块让他制作皇冠，但后来听说这个工匠手脚不干净。

将皇冠砸碎进行分析的话会很简单，但这是不被允许的，阿基米德一开始也一筹莫展。然而有一天，他去公共澡堂泡澡的时候，看到从浴池里溢出来的热水，他突然意识到，如果将皇冠和同等重量的金块分别投入水中，对比溢出来的水量就能够判断皇冠是不是纯金的。大喜过望的阿基米德一边喊着"我明白了！我明白了"，一边赤裸着身体就跑出去做实验。结果证明，皇冠里果然掺了杂质。

这是关于阿基米德作为一名学者是如何醉心于探究真理的故事。他应该是无时无刻不在考虑这个问题。即便是想泡个澡让自己放松、清醒一下的时候，大脑还是在飞速运转。由此才会在看到溢出的热水时，灵光乍现，找到解决方案。

对于学者来说，这种研究态度十分令人敬佩。对于领导者来说，从本质上讲也必须具备这种工作态度，要随时随地绷紧思想之弦。

当然，并不是说因为是领导就必须每一分每一秒都得工作，这样身体肯定会吃不消。时不时休息休息或者娱乐休闲一下都是可以的，比如打打高尔夫，泡泡温泉。但是，在通过这些活动让身体放松或者休闲下来的时候，绝不能连思想都松懈滑坡，不能只想着娱乐，必须让大脑让思想时刻保持活跃状态。

比如泡温泉的时候，大脑要考虑某些相关的事情，政治家就考虑政治，经营者就考虑经营，这是很重要的。这样一来，就能像阿基米德从热水溢出这一现象中获得灵感一样，得到一些启发。

这么说是有些严苛了，但我仍然觉得在休闲时连思想也完全放松的领导者是失职的。

心有所畏

领导者需心有所畏，身有所正

剑豪宫本武藏在丰前小仓这个地方居住期间，曾有一名兵法修行者前来拜访。武藏与其会面交谈、观察其品行后称赞道："你非常有实力，如能为某位诸侯所用，定能大展身手。"

但那人突然向武藏展示自己的木刀说："我想周游列国，用它去与人决斗。"武藏听后说："你这个水平就敢与人决斗，快不要狂妄自大了。"他让自己房中的家仆坐下来，在其额发上沾了一粒米饭，拔出长剑说"给我看好"，说时迟那时快，只见米粒被砍成了两半儿。

武藏问兵法修行者："你可能做到？"对方当然摇头。武藏语重心长地说："即便我有这样的身手，仍然无法打败对方。决斗可不是那么容易的。有的人憧憬决斗，但只有那些想着赶快离开决斗之地的，才是真正掌握了兵法精髓的人。"

宫本武藏一生历经六十多次决斗无一次失手，是真正的剑术大家。武藏说的上述这番话意义非常深刻，说明武藏是一个"知敬畏"的人。

心有所畏，对于一个人来说是非常重要的。想要越来越好，就必须严于律己、持正立身。要有害怕的东西，换句话说，要有畏惧的人或者畏惧的事。孩子害怕父母，学生害怕老师，员工害怕老板，人要知道畏惧才能保持对自己的严格要求。无所畏惧的人，往往会碰壁失败，伤害他人。

但是，成为领袖、最高责任者之后，因为没有了直接训斥提醒自己的人，大家容易忘记畏惧。不过仔细想想，无论是社长还是首相，这些最高责任者虽然没有直接被谁训斥，但犯错后一定会被社会大众也就是老百姓惩罚。因此，即便是首相也要对百姓有所畏惧，政治上要保持绝对正确。心有所畏，对于领导者来说是极为重要的。

坚持到底
领导者到最后一刻也不能失去意志

据说,在关原之战中大败的石田三成被捕后,被送往德川家康所在之处。家康的家臣本多正纯对三成说:"明明失败了还不自行了断,却恬不知耻地被俘虏,你还算是个武将吗?"三成却说:"不借他人之手自行切腹是小兵小卒的行为。真正的大将是不会轻易丢弃性命的,应该坚持到最后一刻争取东山再起。"在即将被斩首之前,有人给他柿饼吃,结果三成说柿饼对身体不好,拒绝了。大家为此都笑话他,三成说:"心有大义之人即便马上要被斩首也会珍视生命,因为心心念念要达成夙愿。"

三成是否该以家康为敌引发战争,以及他的作战方案等,孰是孰非自古以来争论不休。但三成直到最后一刻也不轻言放弃不丧失志向的态度,是非常值得学习的。就像三成对正纯说的那番话一样，以前在伊豆起兵讨伐平家的源赖朝，在屡次战败后，危急之际曾蜷缩在朽木洞穴里躲避，历经千辛万苦之后终于卷土重来，成功夺取天下。如果他在最开始战败时觉得"事已至此，与其被无名小卒活捉，不如……"然后切腹自尽的话，就不会有后面的源赖朝了。

因此，无论如何，立下志向开始做事，就不能一遇到不顺利或者失败就轻易放弃。心理脆弱，遭遇一两次失败就放弃的话，是不可能真正获得成功的。世间在不断变化，不停流转。即便一度遭遇失败不得志，也不要气馁，在坚持不懈、踏踏实实的努力过程中，周围形势有可能变得有利，由此就能开辟出一条新的康庄大道。世间多少失败都是在成功之前放弃了坚持导致的。

当然也不能过于固执，灵活适应变化也是极其重要的。但是，领导者，一旦立下鸿鹄之志，抱着雄心去做，即便只留有1%的可能性，也必须坚持到最后一刻。

引导自主性
领导者要善于引导下属发挥自主能动性

安藤直次是德川家康特地为其子纪州藩藩主德川赖宣聘请的辅佐人。他对赖宣严格训练，使其终成一代明君。

后来成为幕府大老的土井利胜也曾向直次拜师学习政事。利胜发现，很多人都会来问直次的意见，而直次只回答"行"或者"不行"。被驳回的人会一遍一遍更换方案，直到直次点头为止。

利胜对此觉得很不可思议，他问道："为什么您只说行或者不行，而不是教给他们该怎么做呢？这样他们才会有进步啊。"直次听罢说："你说的没错，但是我已经老了，我要给纪州家培养人才。如果事事都要指点，大家就会觉得只听我的就好，而不会自己动脑筋思考了。这样就无法培养出真正的人才。"利胜听后受益良多，并将此铭记于心。

领导者在用人时，很多时候遇到的都是不成熟的下属，提交上来的方案也漏洞百出。这时候就很想把不足之处全都指出来，这是人之常情。有时候这样做是必需的，又或者至少要明确地指出方向。

但是，如果始终事无巨细给予指点的话，下属就容易变懒。也就是只知道唯命是从，上面不下令他就不会去做。这样就无法培养出人才，人也无法真正地投入工作。最重要的就是，自身要做到充分的深思熟虑，具备从自己出发的自主性。带着自主性去工作，才会成长为人才并取得丰硕成果，而绝不能只是一副唯命是从的样子。直次正是抓住了这个重点，才为家康所青睐吧。

现今社会一日千里，人们总是急于马上指出不足，但如何能在现代将直次的做法发扬光大是值得考虑的事情。

摒弃私心
领导者要做到无私无我

明治新政府刚成立的时候,最高领导层的参议一直以萨长两藩为首,由各藩的所谓掌权者组成。也正是这个原因,总会出现意见对立的局面,导致事情无法顺利进行下去,令大家十分烦躁。

西乡隆盛看到这种情况,于是提议说:"多头政治是不会有结果的。不如现在让木户一人担任参议,其他人都在其下,如何?"大家都附议赞同。但最关键的人物木户孝允却坚持"要与西乡一起担任参议,一个人绝对不做"。大家都劝说隆盛同意。最终两人同为参议,废藩置县这件悬而不决的大事终于在二人合力之下得到了解决。

在此之前,在与彰义队对战的时候,面对萨长两藩时不时地反目成仇,西乡隆盛建议:"这场战役就让长州藩的大村（益次郎）领军出战吧！"于是在大村的指挥下建立起了统一的政府和军队。

维新志士们大多奋不顾身，摒弃私心，为国捐躯，而西乡隆盛是其中无私到极致的人物。西乡隆盛有着伟大的人格魅力，据称见到他的人无论谁都会被吸引，因此他成为大将军不足为奇。既然他敢说自己是下属，那么大家也只能紧跟其后，接下来事态发展就变得顺畅了。有观点认为，明治维新是以西乡隆盛为核心推动展开的。可以说，正是他的无私无我成就了一切。

人都会以己为重，珍爱自身，这是再自然不过的情感。但如果将个人私利与情感捆绑，就会影响判断力，或者说不会再持有强烈信念。当你能够摒弃这样的自己，思考孰是孰非，做该做的事，心中才会充满强大的信念和无穷的勇气。

因此，无私无我是我们每个人，特别是领导者必须做到的。西乡的境界一般人确实难以企及，但至少成为领导者之后大家务必要做到四分为私、六分为公。

领导理念
领导者必须秉承一个领导理念

现今中国虽然有8亿人口（1975年数据），经济上也处于发展中国家水平，国内面临诸多困难，但在这个混杂迷乱的世界中，中国一直沿着自己的道路一步一个脚印，青少年的学习工作也充满了生机活力。

可以说，这得益于中国一直以独立自主、自力更生为国策，规范大众行为。也就是说，中国有着明确的国家发展方向以及管理理念和指导方针，他们告诉百姓应该做什么、怎么做。

而且，作为领导者的毛泽东主席深谙其道。毛泽东主席其人，是一个只要有机会就会设立清晰方针的人物。比如说，在抗日战争打响后不久，他就提出了抗战"八大纲领"。后来还提出了"三大纪律八项注意"的行动指针。

在毛泽东思想这一领导理念下，各项具体政策基于此不断出台，幅员辽阔的中国得以统一，八亿人民团结一致不断推动务实发展。

因此，领导者必须秉持一个领导理念。如果没有一个统一的理念，只考虑眼前事，是无法具备强大领导力去领导百姓的。国家领导者一定要胸怀政治哲理，企业经营者要秉持经营理念，这是非常重要的。

当然，一个国家有宪法，一个公司有规章，这些都阐明了国家或者企业应有的样子。但能够通过宪法或规章去激发国家和企业活力的，是领导者的领导理念。领导者秉持理念，并由此就当时当日形势做出一个又一个具体方针，才能以强大动力实现真正的发展。这一点需铭记。

清醒的自我认知
领导者应准确把握个人能力和团队能力

丰臣秀吉在讨伐九州、四国,平定西日本之后,向占据关东的北条氏派去使者,敦促其进京前来归顺。但北条氏政和氏直父子二人看不清天下大势,还依仗个人实力,丝毫不把秀吉放在眼里,顾左右而言他不予回应。最后授人口实,秀吉宣战。

开战后,考虑到小田原所处的要塞之位,秀吉采取了围攻战略。小田原城险峻难攻,此前就曾有猛将上杉谦信率大军久攻不下无功而返的先例。秀吉为达成所愿,集结了天下一半的军队,已是谦信无法企及的规模。此外,自北条早云之后,北条家族也到了第五代,已然沾染贵族习气,勇猛强悍不及祖辈。

因此,战事走向一目了然,即便北条军再善

战，也敌不过实力的巨大差距。最终称霸关东的北条氏到第五代时走向灭亡。

孙子有一句名言叫"知己知彼，百战不殆"，而北条氏政、氏直父子俩既没有去了解对手，也认不清自身实力。在第二次世界大战期间，日本低估了美国的实力，对自己过分自信，所以也不可能取得胜利。

领导者必须准确把握对方和自己的实力，基于此判断是战是和。但其实这很难做到。可能人们会怀揣希望，低估对方，自大自负。特别是，本来了解对方就很难，能正确认识自己就更难了。都说最了解自己的是其本人，但事实上并不是这样的，也就是说，对自己的理解会扭曲。

因此，领导者要在充分考虑上述情况的基础上，客观了解并正确把握自身、自己的公司、团队、国家的实力。只有能认清自己的人，才能在判断对方的时候不出差错，这样才能保证任何事情都能做到零失败。

肩负使命感
领导者要拥有强烈的使命感

宗教家日莲即便遭受非人的折磨迫害也从未退缩，一直坚持传播《法华经》。不仅面向民众传教布道，还对国家或者说当时执政的幕府大胆谏言。在此过程中，他经受了难以计数的苦难，比如他的茅屋遇袭，一夜被付之一炬；被幕府抓捕，差点被斩首，好不容易逃过一劫又被流放佐渡，等等，但他始终凭借强大的信念坚持布道，终生未停。

这种强大的信念从何而来？我认为源自日莲的使命感。当时被称为末法之世，天灾不断，社会极为混乱。日莲认为这是因为释迦牟尼的正道教理丢失，而能向公众弘教的别无他人只有自己，只有自己才是身处末法之世唱诵《法华经》的人。因此他赋予了自己普及《法华经》的使命，所以才会如此强大，奋不顾身。

日莲说过，"我决不违背我的誓言和愿望：我是日本之柱，我是日本之眼目，我是日本之大船"。这充分体现了他愿成为拯救日本的中流砥柱的强烈决心。

人总有脆弱的一面，会犹豫、会恐惧、会担忧。因此在做事情的时候，如果只是随随便便的态度，很有可能被脆弱心理所左右，难以取得丰硕成果。但是，如果能从中找到某个使命，带着使命感去做的话，即便有脆弱心理，也照样可以造就伟业。

因此，领导者在做什么事之前，一定要肩负使命感，明白是为了什么去做。不但自己要有使命感，还要告诉其他人，让使命感直入人心，这一点非常重要。人会唯利是趋，但也不是仅仅如此，人还会因为完成使命、为使命捐躯而感到无上光荣。

对于日莲的思想，也许有人是反对的，但他那熊熊燃烧的使命感值得所有人学习。

自问自答
领导者要坚持自问自答

曾参是孔子的弟子。他比孔子小46岁，算是孙辈的年纪。但孔子经常夸赞这位年轻弟子优秀出色。曾参有这么一段名言："吾日三省吾身：为人谋而不忠乎？与朋友交而不信乎？传不习乎？"

他每天都要反省自己是否有过错。我深刻感受到曾参是多么伟大，不愧是年纪轻轻就备受孔子称赞的人物。

曾参每日三省的内容非常重要，而每天都要对自己的所作所为进行自问自答，这个做法本身对于领导者来说就是非常值得学习的。

领导者的影响力是巨大的，它能左右一个国家的命运，能决定多数百姓的幸与不幸。因此，领导者为了保证自己不出差错，需要极为严苛的自我反省。

领导者要针对自己的领导理念或方针政策是否正确、是否准确把握了个人能力等，不断地反复地自问自答，这是一个领导者每天都不可疏忽怠慢的事情。

当然，只是自己一个人自问自答，也会有迷惑不解的时候，这时可以去咨询他人意见。试着谦虚地去问"我是这么考虑的，你认为如何"。由此得到的答案，再加上自己的考虑，这样多重分析探讨后，错误率就会相对降低。

曾参一人修行时都要一日三省，那么肩负着百姓命运的领导者更要反复自问自答，一日五省甚至十省都不为过。

集思广益
领导者要善于倾听意见

武田信玄在世时曾令战国群雄闻风丧胆，而到了胜赖这一代，豪族武田氏却消失得无影无踪。导致武田一族灭亡的决定性战役就是他与织田信长、德川家康联军决战的长筱之战。

当时，一直跟随信玄的老臣们认为形势对己不利，极力劝阻胜赖开战。但胜赖充耳不闻，最后还在武田家族传家之宝——源氏白旗和盾无铠甲前宣誓开战。在白旗铠甲前宣誓是绝对神圣、权威的，任何人不得反对。

开战结果就是，战局一边倒，一代名将皆战死沙场，胜赖自己历经千辛万苦逃出，但此战加速了武田家的灭亡。

胜赖其实是比其父信玄更厉害的猛将，历经百战，战果累累。即便如此，却落得如此悲惨的下场。原因在于他固执己见，丝毫不接纳家臣忠言。当然，其对手信长也曾无视老臣意见，却打败了今川义元。虽然他们都无视老臣意见，但信长是绝地求生，而胜赖是主动求战，情况截然不同。

因此作为大将军，要想不犯错，应该尽可能地听取他人意见。众人拾柴火焰高，一人智慧毕竟有限。闭目塞听的领导者容易独断专行，一误再误，就会渐渐失去民心。

领导者善于倾听他人意见，注重群策群力，这样做不但不容易犯错，众人也会越来越愿意献言献策，进而得到老百姓的信任。

信长虽然在桶狭间之战时行事专断，但他并非一直如此，该听的时候还是很尊重丰臣秀吉等家臣的意见的。信长尚且如此，一般的领导者更须时刻铭记倾听他人意见。

知进退，懂取舍
领导者要审时度势、知进退

明治维新是日本近代化的起点。在这个过程中，发生了多场战役，牺牲了很多人。但有观点认为，一个国家能够脱胎换骨，浴火重生，这种程度的纷争和牺牲不足为奇。因为（不进行明治维新）国家很可能就会被一分为二，战火弥漫，甚至沦为他国殖民地，而日本并没有这些遭遇，只是经历了局部战争就画上了句号，实属幸运。

个中原因，我认为日本的优良传统发挥了巨大的作用。无论当时大多数领导者是否抱着这个意识，但所作所为都是在发扬传统，都是为了日本。

其中特别要讲的就是"大政奉还"这一历史事件，也就是德川幕府将一直攥在手里的政治大权原原本本归还天皇。政权更迭基本上是在一片祥和中进行的。这样的事情在民主主义时期已是罕事，更别说发生在封建主义时期了。

"大政奉还"是群策群力的结果，但做出最终决定的，是时任大将军的德川庆喜。关于庆喜，历史上对他的评价毁誉参半，但这件事情上他审时度势的决断，极大地推动了明治维新走向成功。

自古以来，知进退、懂取舍是极为重要的。该前进时前进，该后退时后退，是一个人的处世之道，是战场上应具备的素质，特别对于领导者来说更是非常重要的本领。

但是，要做到知进退其实非常难。特别是，往前走很容易，难的是能忍痛后退。不过，如果该后退时不后退，就不算是一位真正优秀的领导者。自古以来，在战场上被誉为名将之人，都是适时退出才真正体现出其伟大的。前面所说的庆喜，他不是只自私地考虑自己和德川家，而是以整个国家为重，毅然后退，值得所有领导者学习。

重视小事
领导者不要轻视小事

据说，三菱创始人岩崎弥太郎曾把一名干部叫到自己的办公室，指着桌上的一张纸大声呵斥道："好好看看这是怎么回事！"这名干部十分吃惊，一看放在面前的是他用公司的信笺纸写的休假申请。弥太郎严词厉色地说："身为公司高层竟然公私不分。休假是私事，怎么能用公司的信笺纸写呢？你要接受处罚！"直接扣了这位干部一年的工资。当事人为自己的行为深刻反省并道歉，甘愿接受扣薪处罚，在那之后他对工作更加兢兢业业，干得非常出色。

这件事放到现在来看，会让人感觉太过了。一般都会觉得这是小事就过去了，顶多提醒一句"你注意一下"。对这样的事不但严肃批评，还要严惩扣薪的弥太郎自不必说，我觉得甘愿受罚并在那之后奋发图强的干部也很了不起。作为领导者，最应该学习的是上述两人表现出来的非比寻常的较真儿态度。正是他们的较真儿成就了三菱的宏图大业。

同时，我认为弥太郎之所以对这件可以说微不足道的小事严肃处理，是有他的道理的。一般人面对部下大的失败会严肃批评，而小的失败就稍微提醒了事。但是，仔细想想，大的失败一般也是当事人深思熟虑、竭尽全力之后的结果。因此，这种时候，不如鼓励他说"不要担心"，一起研究失败的原因，并在之后引以为戒。

与此相反的是，小的失败或过错，基本是当事人粗心、马虎引起的，大多数情况下他自己都没有意识到哪里有问题。所以，千里之堤溃于蚁穴，在那些小失败小错误中可能就埋藏着在未来大爆发的隐患。

因此，虽不能拘泥于小事而忽视了大事，但对小失误严厉斥责，对大的失误则当作今后发展的动力进行研究，是很有必要的。

仁爱之心
领导者要宽厚仁爱、为人着想

保科正之是德川家第三代将军德川家光同父异母的弟弟，曾任会津藩的首代藩主，后又成为幕府大老，被誉为一代明君，十分德高望重。

之前的藩主因搅乱国政而被罢黜，之后正之被派到会津接管，他上任后马上以各种形式减租免租，比如免除尚未缴纳的赋税等。此外，他还实施了很多仁政，相当于现在的福利政策，百姓们都非常高兴。之后会津藩的一代又一代藩主也都继承了正之的治理方略，使会津藩雄踞东北，直到幕府末年都维持着繁荣昌盛的局面。

不光是正之，江户时代被誉为明君的藩主，大多是这样的，他们宽厚仁爱，时刻想着为民解忧，为民谋利。一般来说，在江山易主后，新掌权的君主看到民不聊生，都会在一定时期内减免赋税，其间从富商大贾那里借钱弥补财政缺口，待百姓生活步入正轨之后，才开始征税。

回望历史长河，古代的仁德天皇因看不到各地烧火做饭的炊烟，从而了解到百姓疾苦，于是下令免去三年赋税。待三年之后，四处炊烟袅袅"民富国强"，才重新开始征税。在此期间，听说他的皇家居所荒芜一片，即便漏雨都没有修缮。

据称，他还说过："君主是上天为民而立的，君主须以民为本。民贫则君贫，民富则君富。"

仁德天皇的故事可能只是个传说，但重要的是要对百姓怀仁爱之心，这也是自古以来领导者应有之态。这一点可以说是日本的优良传统之一，也是在传统的影响下，才诞生了保科正之等诸多明君。

在仁爱为民的明君领导下，百姓安居乐业，经济繁荣昌盛，整个国家的物质和精神文明高度发展。即便在封建时代,心系百姓,自己才能发展,国家才能繁荣。身处民主主义今日的领导者们,首要的就是心怀一颗爱民为民的仁慈之心。

赏罚分明

领导者须摒弃私心，赏罚分明

《三国志》中有名的蜀国丞相诸葛亮，在与宿敌魏国对战时，任命马谡率领军队在军事重地街亭防御敌军。但马谡无视诸葛亮的指挥调度，也不理会副将王平的忠告，骄傲自大，导致街亭失守，蜀国无奈撤军。

战后依照军法进行赏罚时，使全军陷入危险境地的马谡难逃死罪。诸葛亮平时对马谡十分器重，从感情出发实在不愿处决，但军法不容，诸葛亮为做表率，只能忍痛力斩马谡。这就是"挥泪斩马谡"的来历。

诸葛亮因贤愚不分，在重大部署中起用马谡这件事上负主要责任，他深知兵败之责，向蜀帝自请贬职，从丞相降为右将军。众人皆对诸葛亮的态度大为折服，无人不为其流泪。全军肃然起敬，士气大增，立志卷土重来再伐魏国。

自古以来，任何事上赏罚分明都是极为重要的。有功则赏，有过则罚。只有赏罚分明才能使团队纪律严明，士气高涨。如果做了好事不表扬，做了坏事不责罚的话，人们就会任性放肆随心所欲，团队也会无组织无纪律。

因此必须做到赏罚分明，或者说是公平合理。或赏或罚，太轻了没效果，太重了又可能出现反作用，确实很难把握尺度。但可以说，只要能做好赏罚分明，仅凭这一点就足够成为一名领袖了。

因此，领导者要时时留心，做到赏罚分明，其中最重要的就是避免受感情左右。一旦有感情介入，赏罚就做不到让众人诚服。处死器重的马谡，又自请重罚的诸葛亮现身说法，告诉了我们这个道理。

尽人事，听天命
领导者无须严格要求自己不能失败

武田信玄说过这么一段话，"人们看到不该输却输了的战斗，不该灭亡却灭亡的家族，总会说'这是命'，但我决不赞同。失败是因为没有做好，如果做得好是不会失败的。"被誉为每战必胜的战国时代最强猛将的信玄所说的话，十分有分量。

确实，任何事如果失败了，我们都会说"运气不好"。不只是现代人会这样说，从"胜败也凭时运"或者"胜败乃兵家常事"等谚语看，从古时候起人们就这么认为了。

但信玄觉得这种观点是错误的，他认为失败的原因都在自身。这种说法确实很严苛。但仔细想想，要想在弱肉强食的日本战国时代出人头地，上述这种程度的深刻自我反省、自我检讨是十分必要的。

而这些对于现今的领导者来说从根本上也是一致的。

比如说在企业经营方面，有的人认为干事业总会有赚有赔。这种说法能够理解，但事实上，如果秉持正确的事业观，使用正确的经营方式，投入正确的努力，不管世界经济是否景气，企业自始至终是会赢得利润并持续发展的。如果不顺利总是赔，基本上要么是因为事业观有问题，要么是因为经营方式不妥当，又或者没有尽到最大努力。

据说，美国向月球发射阿波罗号宇宙飞船的时候，在所有的准备工作、设备检测都做好之后，只剩下按动发射按钮了。这时，负责人说"剩下的就听天由命吧"，也就是尽人事，听天命。信玄否定的并不是这个意义上的天命，他想说的是，在听天命之前，是否真正做到了尽人事。如果未尽人事，只是轻松地说什么听天命的话，作为领导者是绝对不允许的。

忍辱负重
领导者须有韬光养晦的忍耐之心

诸葛亮率领蜀军攻打魏国之时，迎战的是魏国大将司马懿。司马懿也是名将，但在诸葛亮的神机妙算之下无力施展才能，吃了多次苦头。

于是司马懿改变策略，采取持久战，坚守不出，避而不战。诸葛亮数次出兵挑衅，但魏兵一概不出兵迎战。诸葛亮心生一计，送去女人衣物羞辱司马懿说："不敢应战你就穿上女人衣服。是男人，知道羞耻的话，就该堂堂正正来战！"

看到这一幕的魏国武将们都埋怨司马懿说："受此屈辱简直忍无可忍，一定要出击。"司马懿自己心中也是十分愤怒，但因为现在正是关键时期，需要忍耐下去，他想办法安抚好武将们，最终没有上诸葛亮的当。

持久战终于耗到诸葛亮病死军营，蜀军退兵。失去诸葛亮的蜀国最终投降魏国。

人总是崇拜英勇无畏之人，所以会首先选择勇猛向前而不是后退，选择轰轰烈烈战一场而不是避而不战。还会诽谤责骂那些后退或不战之人胆小懦弱。

该前进时前进，该战斗时就拿出勇气，这是理所当然的。如果做不到，被叫作胆小鬼、懦夫也是没办法的事。但是，忍受不可忍受之事，该退出就退出，该避开争斗就避开，忍辱负重等待时机，实际上是非常需要勇气的。但这么做，大多数情况下只会招来诽谤蔑视，而不是赞誉。

领导者需要具有极强的忍耐力，不被私心所左右，忍受住所有责难屈辱，坚信自己是正确的，并且从一而终，等待时机。如果这些都做不到的话，就不能称为真正优秀的领导者。

"忍耐乃长久无事之基石，愤怒是敌"是德川家康的人生信条，值得领导者仔细体会。

积累信用
领导者要时时正身，提高信用

汉朝重臣季布曾效力于西楚霸王项羽，让汉高祖刘邦的军队吃了不少苦头。在项羽败亡之后，季布被刘邦千金悬赏缉拿，窝藏他的人会罪及三代。但是人们不但将他保护起来，甚至劝说汉高祖。因为季布非常重诺守信，特别讲信用，备受信赖和尊敬，"季布一诺"说的就是季布一旦答应的事，比黄金百斤都要值钱。

季布归顺大汉之后，始终坚持一诺千金，并且从不为权贵折腰，是非分明，诚信越来越高，渐渐地身居重位。

要想做成事，信用是非常重要的。"那个人肯定没问题"，"那家公司的产品值得信赖"，等等，一旦被人们口口相传，事情就会好办很多。也就是说，诚信是无形的力量，也是无形的财富。

所以，领导者首先要得到百姓的信任，没有诚信的人是不会有人跟随其后的。人们在遇到能够信任的人时，就会默默地跟在后面。

但是，诚信不是一朝一夕建立起来的。需要长年累月不出差错，要不断做有信用的事，才能慢慢建立起来。同时，诚信也会在一瞬间崩塌。即便历经长年累月，被大家认可是个正直之人，一旦撒了谎，那么好不容易建立起来的信用就会瞬间烟消云散。

以前的名门望族或者老字号，靠着过去建立起来的诚信，即便有些许失败或过失，可能也不会立刻导致信用尽失。但现今世界变化太快，刹那间信息就会传遍世界各个角落。任何一点点失误或过错都有可能是致命的。

因此，领导者要维持提高自身的信用。为此，无过错或者说避免犯错是非常重要的。

用人不疑
领导者要敢于信人和用人

汉高祖刘邦与项羽争夺天下的时候，一开始项羽占尽优势，一直压制汉地。汉地谋士陈平用计做出项羽军师范增和主将们与汉勾结的假象。项羽果然上钩，开始猜忌自己的军师和将领们，范增愤然离去。从彼时起，曾意气风发的项羽逐渐失去优势，最终败亡。

后来汉高祖将项羽失败的原因归结于："我知人善任，而项羽却连一个范增都没有用好。"

用人有很多技巧，最重要的是要给予信任，毫不犹豫地交办工作。只有被信任被托付，人才会感到欣喜，意识到肩负的责任，然后用自己的方式去想办法，努力地担负起全部责任。换句话说，被信任会把人的才能全部激发出来。

但是事实上，完全信任他人是很难做到的。人们总会有很多疑虑，比如"这件事交给他没问题吧"，"这是机密，他不会泄露出去吧"，等等。实际上人这种生物，也不是能够百分百信赖的。

然而，有一点很重要或者说比较奇妙的是，如果带着怀疑的态度去接触一个人，他会是一种反应，如果是完全信任的态度，他又会是另外一种反应。如果是或多或少带着疑虑，一副又信又不信，又想交给他又不想交给他的态度的话，人肯定不会高高兴兴地全身心地投入工作。

所以，领导者需要给予对方充分的信任和期待。即便对方背叛了你的信赖也不改初衷，反而这样对方才会不辜负你的期望。

尤其是现如今各方面都充斥着不信任，导致精神层面上的纠葛、纷争百出，严重的时候可能会造成物品损毁。因此，各行各业的领导者一定要带着信任的态度待人接物，这是非常重要的原则。

保持热爱
领导者必须爱自己的工作，不然无法胜任

大汉帝国建成近 200 年后，政局动荡，最终灭亡，国内再次呈现群雄割据的局面。这个时候站出来，迅速把控失控全局，光复汉室的就是光武帝。光武帝不但在军事上十分有才华，内政管理也是刚柔并济，非常有管理才能。他每日从早到晚勤勤恳恳，埋头政务，甚至半夜还经常与大臣们学习讨论。皇太子担心他的身体，劝他不要过度透支身体，光武帝回答说："我乐在其中，做多少都不知疲倦。"

有句话讲"喜好出精巧"。这里所说的"喜好"，在做任何事时都是最重要的。不喜欢的事情无论做多少，可以说都很难走上成功之路。无论是艺术家还是运动员，只有心存热爱，才会面对高强度的练习、严苛的训练不叫苦不怕累，精进努力。即便如此，达到一流、获得成功也是非常困难的。更不用说本来就不喜欢的话，过程就更加坎坷了。

领导者其实也是如此。领导者要对事业充满热爱，这是非常重要的。也就是说，政治家要热爱政治，经营者要热爱经营。

一般来说，领导者能成为人上人，绝不是一件轻松的事情。老话说"用人是件苦差事"。如果所有人都能痛痛快快地听自己的话，按照自己的思路去行动的话没有什么问题，但并非所有人都如此。有人会抱怨，有人会反其道而行之。在这样的工作状态下，单纯应付这类事心都会很疲惫，更何况还会出现各种棘手的情况，正确应对这些问题就更加艰难了。

因此，心里觉得这事太难、太艰辛的人，成不了领导者。那些在别人眼里很辛苦的事，自己却乐在其中不知疲惫，换句话说就是发自内心的喜欢，这是必要的。领导者要问问自己,对一个领导者要做的事业是否充满热爱,比如经营者要问问自己是否喜欢经营,这一点非常重要。

发挥每个人的长处
领导者要铭记每个人都有可取之处

堀秀政的家臣里有一位男子长着一副哭丧脸，总是目光阴沉，眉头紧锁，给人阴郁沉重的感觉。堀秀政的家仆们说："那个男子面目实在不吉利，看到就让人浑身不快。世人也都在取笑殿下聘用一个这样的人。还是快快解雇他吧。"秀政说："你们说的没错，但在做法事或者吊唁时，再没有比他更合适的人了。每个人都有用处，所以大名之家需要雇用各类人才。"

人与人之间哪怕拿脸上的一个器官来比较，也是各不相同的，世上没有一模一样的人。更不用说性格、气质、才能、思考方式等，也都是各有千秋，一个人一个样。因此，不会有人所有方面都出色，也不会有人所有方面都比他人差。尺有所短、寸有所长，每个人都有自己的长处和短处。

领导者要深挖每个人的特点，扬长避短，让每个人都发挥作用。但在现实中这是很难做到的。人们往往仅靠有限的观察就做出优缺点的判断，认为这个是人才，那个是庸才，等等。秀政的家臣们就是以日本战国时代英勇善战为标准，所以才提出辞退那个哭丧脸的男子。但是即便在日本战国时代，也不是只有战争，即便有战争，也不是只有勇猛善战之人，很多人都在发挥着非常重要的作用，然后才能凝聚起战斗力量。秀政深知这一点，才认为大名之家需要各类人才。

现今社会，有着日本战国时代无法比拟的复杂多样性，因此现在的领导者要比秀政更加需要各类人才。世上没有无用之人。秉持这个观念，发挥每个人的才能是非常重要的。

诚实可信
领导者一定要诚心诚意

1595年,京都发生了一场大地震。丰臣秀吉的伏见城也被损毁,死了很多人。那时候,加藤清正因被秀吉惩罚而关禁闭,但他觉得"即便之后获罪也不能坐视不管",于是带着家仆飞奔到秀吉身边将他保护起来。这一真诚的举动让秀吉大为感动,不但没有生气,还重新重用了清正。

清正在晚年的时候说过这么一段话:"我穷尽一生用心看人,还学习如何看相,但结果仍一无所知。但我敢说,诚实之人中多有真正的勇者。"这是他在管理诸多部下过程中所得经验,同时他自己也是诚实之人的真实写照。秀吉死后,天下人都倒向德川家康,清正仍然守着丰臣秀赖,家康与秀赖在二条城会面时他也拼死跟随,终生不忘秀吉曾经的照护，为了丰臣家族的平安鞠躬尽瘁。连家康都不由得感叹他的赤胆忠心。

总而言之，诚实之人总会将自己毫无保留地暴露在他人面前，所以问心无愧。心中一片明净，就不会有不必要的担忧和恐惧，能够堂堂正正地生活。总是想着让自己光彩照人，被人重视，因此做些动作，为此又要花一些不必要的心思，久而久之心中就会有愧，就难以秉持强烈的信念去做事了。

这一点无论在商业上还是在政治上都是一样的。说到做买卖，人们总觉得需要耍手腕动心思，其实也不完全是这样。从根本上说，都需要诚实地直接用本来面目示人，带着诚意让对方了解自己。如果不这样做的话，依赖耍心眼、用话术，长此以往得不到信任，事业也不会有发展。

政治上也是如此，最终都需要直率地说出真相。一味迎合，花言巧语，虽暂时能够获得人气，但绝不是真正为国为民的政治。

领导者必须铭记，最终能凝聚人心的非诚实莫属。

勇担责任
领导者要舍己为人

秀吉与毛利对战时，曾水攻高松城。为此建起大堤坝，将附近河川的水引过来，使高松城周围变成了一片汪洋。在秀吉大军的围攻下，等不到援军的高松城弹尽粮绝，城内士兵只能眼睁睁等死。

守城将领清水宗治因此慨然接受了秀吉的讲和条件，即用他的首级换取城内军士们的性命。于是宗治自己划船出城，在敌军众目睽睽之下，从容地切腹自尽。

这样的故事还有很多，像这样为了救出部下而甘愿赴死，对于战国武将来说是他们必备精神之一。

经常听到"一将功成万骨枯"这句话。大将军立下赫赫战功的背后，有无数士兵抛头颅洒热血，付出了巨大的牺牲。我觉得这句话是有一定道理的。

但是，如果将领什么都不做，"万骨"是不会为了一名将领而舍命牺牲的。像清水宗治一样的大将，当遇到战争失利时，会担负起全部责任，舍命救部下。大将的这种心意或者说责任感，让部下甘愿赌上身家性命为其效力。

这一点放在现今的领导者身上也是适用的。当然，与日本战国时代不同，切腹是不可能发生的。然而，作为领导者要铭记在发生变故时拼死担责，这一点无论在古代还是在现代都没有改变。

一国之君要为了百姓，公司社长要为了社员，一个部门或科室的负责人要为了自己的下属，遇到大事时要勇于担责。这是作为责任人应该秉持的信念。只有这样，下属才会保全领导，拥护领导，才能团结一致解决问题。

"一将功成万骨枯"说的是一半事实，"一将舍命万骨生"说的是另一半事实。没有强烈责任感的领导者，归根结底是无法管人用人的。

顺从社会

领导者要相信"社会是正确的"

辅佐秀吉统一天下的军师黑田如水说过这么一段话。

"比起天神的惩罚,君主的惩罚更可怕。而臣子之下的百姓的惩罚要比君主的惩罚更可怕。因为可以通过祈祷免除天神惩罚,可以通过道歉求得君主原谅,但如果怠慢了臣子之下的百姓,即便是祈祷和道歉也无济于事,会导致亡国。因此这是最为可怕的。"

世间有很多人,人们的想法五花八门,做出的判断也是各种各样的。有人能做出正确的判断,而有人会做出错误的判断。个人会有这样的差别,但从整体来看,我认为社会或者说群众永远是正确的。

因此，如果所作所为是正确的，百姓就会接受；如果有错，则不能为世人所容。并且天下由那么多人构成，人一旦失去信用，被疏远，再想恢复原状就很难了。

如果触犯了龙颜，君主暴怒，有时候可能会让你身首分离，但对方毕竟只有一个人，或道歉或劝说，并非完全无计可施。但是如果对方是人数众多的天下大众，就没办法道歉了。因此惹怒大众是最可怕的事情。

西方有句谚语叫作"民众的声音即神的声音"。重塑美国的著名政治家林肯说过，"你可以在所有的时间欺骗一部分人，也可以在一部分时间欺骗所有人，但是你不可能在所有时间里欺骗所有人"。

总结起来就是，要像倾听神的声音一样倾听社会的声音，并诚心诚意地予以接受和顺从。只要能做到这一点，就可以被社会温柔地接受，而不必有任何恐惧。而最可怕的，是脱离了这一想法。

说到黑田如水，他是堪比中国古代张良的智

将，给人的印象是精于权谋之术。没想到这样聪明的人，其内心深处却有这样的想法，确实值得细细品味。

说服力
领导者要讲究表达方式

明治初期,日本开始计划铺设铁路。但在当时的政府中,还有不少人因循守旧,对此提出强烈反对。据说,当时岩仓具视是这么说服他们的。

"虽说现在已经迁都东京,但皇室千余年来的皇陵都在京都,而天皇陛下需要不时前往参拜。如果行幸次数增多,每次就会增加沿途百姓的负担。可是只要乘坐火车经过,就不用担心给百姓造成困扰。所以,为了天皇陛下的孝道考虑,铁路也是必需的。"

于是,之前一直持反对意见的人也说,"原来如此,确实也是这个道理",最终达成了一致意见使得修建铁路成为现实。

领导者在着手做什么事情的时候,都会需要调动大批人马或者动员多人配合行动。在那种情况下，无论如何都需要让大家对自己的想法产生共鸣，并予以信服。

为实现这一目标，毫无疑问需要我们从根本上具有正确的理念和方针。如果做不到这一点，就无法真正地让众人配合自己。但是，并不是说只要是正确的想法和主张，人们都会予以接受和共鸣。即使是正确的主张，如果囿于事情的正确性而将主张强加于对方的话，也会招致抵触情绪。所以，我们在表达时需要注意表达方式，以便更好地说服对方，也就是需要所谓的说服力。

所以，除了从根本上拥有做事情正确有依据的信念之外，同时还要考虑时间和场合，考虑所要说服的对象，入情入理方能使自己的主张和话语更有说服力。

如果没有这样的说服力，领导者即使位居人上也很难让人为我所用。从这个意义上来说，岩仓具视的劝说方法，确实值得我们深思。

超越世俗的意见
领导者有时要有超出大多数意见的智慧

今川义元率领四万大军来犯的时候,织田家的重臣们都主张固守城池以拒来敌。因为当时织田方仅有三千人马,无论怎么看都没有取胜的机会。

但是,织田信长却不顾重臣们的意见,下定决心出城迎战,仅一人一马杀向敌阵,最终带来了堪称奇迹的桶狭间之战的胜利。

确实,如果缩在城中拒敌的话,可以坚持一段时间。但是,在敌军数量十倍于己方,且没有援军前来的状况下,充其量也只是权宜之计,最终还是难逃城破兵败的下场。所以,与其坐以待毙,哪怕只有十分之一、百分之一的可能性,不如乾坤一掷去挑战。正是因为选择了这样的道路,所以才带来了最后的成功。

一般来说，领导者当然需要重视大多数人的意见。如果领导者不顾世间舆论，以自己一人的判断来做事，往往会陷入独断专行，导致犯错。听从世间舆论，按照世间舆论行事，是领导者避免犯错的一个重要做法。

但是，这只是一般情况下的做法。平常事态下，以此种方式处事一般不会犯什么大错。但是，遇到了非常事态，就会出现仅仅靠此无法处理的情况。究其原因，世间舆论基本上都局限于以往常识和常理的范围。这样的常识和常理，可以说是众人智慧的结晶，是非常难能可贵的。但在面对非常事态的时候，就需要超出世间舆论的全新创意和想法。

所以，在这种时候，就需要领导者具有高于世间舆论的高超智慧。信长的做法也正是如此。如果信长当时拘泥于世间舆论，听从了众臣的建议，那就不会有桶狭间之战的胜利。正是信长超脱大多数人意见的表现，体现了其作为杰出领导者的过人之处。

领导者在平时要重视、尊重世间舆论，而在遇到非常状况时，要敢于反其道而行之，采取更加正确的做法。

先见性
领导者要有预见性并提前做好部署

日本战国时期，各地群雄割据争霸，其中最为兵强马壮的就是位于甲斐①的武田势力。名将武田信玄训练的武田骑兵队战力超群、无一败绩，所到之处令人闻风丧胆。即使信玄去世，到了其子武田胜赖这一代，武田骑兵队仍然战斗力不减。但是，在长筱一战，大败于织田、德川联军，以此为开端而走上了灭亡的道路。

在长筱会战中，织田信长的作战计划是用五千支火枪，分成三拨进行不间断射击。而且，信长军还在己方的阵地前打下无数木桩，在上边绑上绳子。所以武田军的骑兵冲到阵前就被绳子绊住，然

---

① 地名，相当于今日本山梨县。——译者注

后遭到信长军的火枪齐射，几乎还没有开始进行像样的战斗，就因死伤无数而惨败。

此战几乎与武将和士兵的强弱无关，完全缘于武器的代差。不管武田骑兵队多么强大，如果在抵达敌军阵前已被射杀的话，就无法进行真正的战斗。可以说，正是信长察觉到今后属于热兵器的时代，很早就开始训练火枪兵的先见性，在战斗之前就已经决定了胜负。

像这样的先见性，对于领导者来说，是极为重要的。甚至可以说，没有先见性的人，就没有资格做领导者。每时每刻，世界都在发生着变化。有很多昨天还正确的事情，今天就已经落伍。所以，领导者必须看清时代变化的方向，预见变化后的样貌，提前做好应对变化的部署，只有这样才能让国家得以安定，企业得以发展。如果等事到临头才急急忙忙考虑应对之策，什么事情都绝不会顺利。

回溯历史，一国在走向繁荣的时候，国家的领导者一定都提前发挥了先见性。回过头来再看看当前发展顺利的企业,其经营者也都有相当的先见性,并且提前做好了切实的部署。

时代的步伐日益加快,可谓日新月异。作为领导者也要相应地用心提升自己的先见性。

先忧后乐
领导者要时刻先于别人深思熟虑

汉语里有"尧舜之世"这个词语。它说的是中国古代传说中的圣人尧、舜统治下的太平盛世,也就是理想社会的代名词。相传,有一次尧来到乡下,听到一位老人唱歌。①

> 日出而作,日入而息。
> 凿井而饮,耕田而食。
> 帝力与我何有哉?

意思就是说,我早上开始工作,到了晚上回家休息,想喝水就挖井取水,自己耕田收获食物。还

---

① 出自《帝王世纪》,歌名为"击壤歌"。——编者注

有什么事情是需要麻烦帝王来做的。尧听到这样的歌唱，很是为自己的政治通达而感到欣喜。

这名老人没有任何值得担心之事，专心做自己的工作，享受自己的生活。其实正是因为政治通达到了一定程度才会出现这种情况。让人民过上这样的生活，也是尧作为帝王的理想。

实际上，人民只有在国家政治有问题导致自己无法安心生活的时候，会更关心政治，会意识到君主或政治家的存在。往往政治越不得民心，人民对政治的关心程度越高。当然，以前的君主政治与当今的主权在民时代的政治已经不可同日而语。但是，让人民安心工作、享受生活的重要程度，古往今来都是相同的。当然，这一点不光是政治领导者的独有任务，所有领导者都需要慎重考虑。

为了实现这一目的，需要领导者具有先忧后乐之心。这里的先忧原本指的是先于他人担忧天下，但后来又被扩展到先于他人考虑事情，想出各种主意并提前做出恰当的部署。在面对困境，需要打开局面的时候，就会需要领导者展示自己的手腕。当然这是非常重要的事情，更重要的是，能够提前做好部署，避免出现不得不面对困境的局面。

当今的企业经营者也需要先人一步考虑事情，提前做好部署。没有这种想法的人，其实很难说是合格的领导者。

当机立断
领导者应当机立断

丰臣秀吉跟柴田胜家在贱岳会战的时候，柴田方的大将佐久间盛政，趁着秀吉出兵大垣兵力空虚之际，偷袭并成功攻占秀吉方的城寨，取得了巨大的战果。但是，接到战报后，秀吉当机立断，马上下令全军急速行军，只用了半天时间就走完了五十公里的路程。秀吉回营速度之快，让佐久间的军队措手不及、一片慌乱，于是秀吉趁机追击，一口气攻占了胜家的大本营，取得了决定性的胜利。

秀吉反应之灵敏，从打倒明智光秀为主君织田信长报仇的山崎会战中也可见一斑。本能寺之变发生于六月二日，山崎会战爆发于六月十三日，其中仅有十日之隔。并且，秀吉当时还在冈山与强敌毛利大军正面对峙。如果是放在有新干线和电信电话的现代还可以理解，但在那个所有行动只能靠双腿的年代，这个速度可以说是奇快无比。事实上，就连对手光秀，甚至是信长的家臣和盟友德川家康，都没有想到秀吉的行动可以如此之快。

正是他人无法预测的这种敏捷反应，换句话说决断和行动之快，让秀吉在数次重要的大会战中取得胜利，这也是他最终能够取得天下的一大重要因素。

有一句话叫作"兵贵神速"，还有一句话叫作"先发制人"。有时候，能否抓住瞬间的战机，会决定战争胜败的走势。如果这时还做无谓的踟蹰逡巡，机会就会永远消失。所以，对于身为大将之人来说，当机立断是极为重要的。

这一点不仅适用于战争，国家的管理和公司的经营也是同样的。所有情况每时每刻都在发生变化，在很多情况下，一天的延误可能会带来一年的延误。绝对不能以不能决断、不能实施的状态度过任何一天。

当然,有的情况下确实需要经过深思熟虑,听取他人意见之后才能决定,而且还要花费时间慎重行事。这样的事情可以经过慎重考虑再行决定。但是,对于领导者来说,遇到大事可以当机立断的见识和敏捷的执行力是不可或缺的。

率先垂范
领导者要有以身示范的气概

终生致力于探求真理并向世人传授真理的哲学家苏格拉底，其学说被当时的政府视为洪水猛兽，因此被处以死刑。

在执行死刑前，苏格拉底被关押在监狱里。当时朋友建议苏格拉底越狱，而且还制订了详细的实施计划。但是苏格拉底却坚决拒绝，他说："我这半生以来都在教导他人遵守国法。如果国法中有错误或不合理的地方，重要的是要通过辩论进行修改。但只要国法还存在，就必须遵守。一直以来我都是这么教导别人，现在自己受到了不公正的对待，也不能因为怕死就做出与自己的主张不一致的事情。人最重要的不是只求活着，而是要活得好，活得正确。"

然后，苏格拉底从容地举起了用来执行死刑的毒酒杯。

向世人讲授真理是非常重要的事情，这样可以引导世人走向正确的道路，使社会更加和谐稳定，所以需要孜孜不倦地传授道理。但是，同样重要的事情还有亲身实践，为众人做出示范。日本有一个谚语叫作"百日讲经，毁于一屁"，说的是不管讲得如何天花乱坠，等到实际做的时候却做出完全相反的举动，那就很难有充分的说服力。

苏格拉底为了捍卫自己的学说，不惜舍弃生命也要以身做出表率。这种主动舍弃生命捍卫真理的态度，直击人的内心深处，不由得让人涌起无限的敬意。

领导者必须通过各种各样的形式向人们传达自己的信仰和想法，同时还有一件重要的事情就是需要自己率先来实践自己的信仰和想法。当然，每个人的能力都有极限，不可能做到100%，其实这才是正常的状态。但是,领导者需要铭记的是,如果自己没有以身示范的气概,人们绝对不会发自内心地来跟随自己。

大义名分
领导者首先要明白什么是大义名分

近江的小谷城主浅井长政是织田信长的妹夫，平时深得信长的信赖。但是，当信长攻打与浅井家有旧交的越前朝仓氏的时候，长政突然出兵从背后攻打信长。信长因此陷入极为窘迫的境地，多亏木下藤吉郎拼命死战，才好不容易返回京都。

当时，浅井家一位忠臣谏言："抛开与信长的姻亲关系不说，他（信长）一直拥戴朝廷，为天下万民的大义名分而战。反而家主您所做的事情，只是小义之战。如果不忍抛弃与朝仓家的旧交，不如说服朝仓家一起践行信长的为公之道。"结果，长政没有听取家臣的意见，一直与信长敌对，到最后终于走向灭亡。

浅井长政作为武将打仗十分勇猛，而且自始至终堂堂正正地战斗到最后一刻。但是，他最终却被周围各国孤立，招致灭亡，其原因与那位家臣所指出的一样，很大一部分缘于没有足够的大义名分。反观信长，他很早就树立了统一如麻乱世、保万民平安的志向，并且还呼吁其他大名一起努力。正是这样的大义名分，让疲于战国乱世的人们产生认同，家臣也因这样的使命感而感受到价值，所以全力以赴辅佐信长。

其实，不仅限于信长，也不仅限于日本，古往今来所有被称为名将的人，在战争前无一不明确提出大义名分。"这一场战争绝不是为了我们的一己之利，而是为了全人类这一伟大的目的而进行的。"他们通过这样的明确宣示，来寻求人们的支持并激励部下。不管坐拥多么庞大的军队，非正义的战争永远得不到人们的支持，也不会取得长期的战果。

这样的事情不仅适用于战场。"大义名分"这一词语听上去有些老派，但不管是经营事业，还是政治上的各种政策实施,都必须自己先明确目标,明确为什么而做,并明明白白地告诉人们。这是作为领导者必须做的重要工作。

抓大放小
领导者要抓住基本,其余交给别人

被称为明君的冈山藩主池田光政,年轻的时候曾经前去拜访被称为京都名所司代①的板仓胜重,向其请教政治的秘诀。胜重回答说:"就好比是将味噌放到四方容器中,然后用圆勺子往外盛味噌。"光政又问道:"那样的话,角落里的不是都盛不出来吗?"板仓又解释道:"这才是关键之处。你为人聪明又热衷于政事,所以会想着把国家的每个角落都治理得井井有条。但是我听说,如果过于执着细微之处,反而治理不好国家。"

这就是经验丰富、精于人情世故的老练政治家为一腔热血的青年大名奉上的忠言,其中饱含了政

---

① "所司代"为幕府驻京都的代表。——译者注

治的真谛。

正如谚语"千里之堤溃于蚁穴"所说,身为领导者绝对不能疏忽任何小事。比如,公司的社长有时也需要因为部下浪费了一张纸而给予批评。但是,如果社长对每样小事都插手,"这个事情这么做,那个事情那么做",大家就会觉得过于烦琐而丧失干劲儿。因为,小公司的话还情有可原,如果是在大公司这么做的话,有多少个分身都忙不过来。

一国的政治也是如此,如果方方面面都考虑得无比细微,不断制定各种法律,就像用密不透风的网来限制国民的生活,那一定不会顺利。这样一来,国民会被压得喘不过气来,窒息般的管制无法为社会带来活力和繁荣。

尽管小事不能有任何疏忽,但如果目光都放在小事上,一味吹毛求疵,反而会看不到真正重要的大事。所以,还是应该紧紧抓住重要的关键点,其余事情交给其他人就可以。这样才能工作有秩序、活动有活力、企业有发展。但是,最近出现一种趋势,就是不但放小,连最重要的部分也放任不管,这样是绝对不行的。

大将稳坐中军帐
领导者应尽量让自己处于中心

源赖朝在富士川不费一兵一卒打败平家后,想着乘胜直接攻打京都。但是,有部下建议应先稳住关东的地盘,赖朝也表示同意挥师撤退。此后,赖朝主要待在镰仓完善幕府的体制,讨伐木曾义仲和平家的事务,基本上都交给弟弟源范赖和源义经以及其他部将来完成。

其实,我在开始经营企业大概几年后的某个时间,也被某位高僧提醒过:"大将应该待在城内,外边的工作交给部下,这才是最理想的状态。"当时我其实还半信半疑,等到后来积累的经验越来越多,才发现这确实是值得深思的问题。

身为最高领导者的人,是应该身居城内还是应该亲赴一线担任现场指挥,这其实是非常难的问题，孰是孰非也不可一概而论。在有的情况下，确实需要大将身先士卒来到一线战场，比如桶狭间之战时的织田信长就是典型的例子。

但是，一般来说，大将身居城内，然后派部下到前线去完成任务，这样做事情可能会进展得更顺利。据说，中国的毛泽东主席很少离开中国，出国访问的活动，基本上都交给了周恩来总理等人。尽管如此，却能管理好拥有如此广阔领土和多达八亿人口（1975年当时数据）的国家，而且中国还是发展中国家。尽管有着不少问题，却能将其治理得井然有序。这对领导者来说可谓有着不小的借鉴意义。

尤其是当今社会，文明取得了长足的发展。公司的社长哪怕待在公司里，都可以与全国甚至全世界的支店和分理处通电话作出指示，也可以从各处收集信息。所以，虽然必须有突发状况时可以亲赴第一线的心态，但原则上领导者平时只需要留在内部，外边的工作都让部下来做即可。

大将之威
领导者必须确保自己的主导地位

前田利家领地里的末森城曾经被佐佐成政大军包围,当消息被报告给利家的时候,利家马上准备出兵进行救援。一名家臣说有一位擅长占卜的僧人,建议让他给占卜一下出征的吉凶。利家暂且先应承下此事,等僧人到来拿出卦书准备用卦签开始占卜的时候,利家对僧人说:"不管占卜结果如何,我已决意出兵,你一定要知晓我的心意认真占卜。"于是,那位僧人立即把卦书收到怀里说道:"今日乃是吉日,今时即是吉时。"利家大喜,称赞僧人占卜灵验,然后奋勇出击,顺利赢得胜利。

我觉得这才是大将和领导者应有的样子。对于领导者来说,倾听部下和他人的声音是非常重要的事情,甚至在某些情况下,还完全可以像利家占卜一样，利用某些带有神秘色彩的权威来鼓舞士气。但是，无论什么时候，都必须有自己的主张和主见，在此基础上再吸纳他人的意见作为参考，也可以利用类似占卜的东西增加说服力。身为领导者，如果自己没有任何想法，只是照搬他人意见，或者完全按照占卜的结果行事，那就失去了领导者存在的意义。

以前，几乎所有的大将都有军师，很多大将就是因为军师所起的重要作用而取得巨大成功的。但是，无论在什么情况下，大将都应掌握最终的决定权，这一点极为重要。军师的意见可以多多听取，但是意见是否采纳应该由大将决定，而不是什么事情都照着军师的意见来做。可能有人会觉得如果不采纳军师的意见的话，那么军师的存在就没有了意义。其实并非如此，就算从结果来看，军师的意见没有被采纳，大将也会通过听军师的意见而进行周到的思考，这样才更容易找到万全之策。

这里的关键之处就是领导者要确保自己的主导

地位。领导者只有确保自身的主导地位，才能更好地听取他人意见，充分利用权威。只有成为这样的领导者，才能更好地利用这些条件。

格局高
领导者应着眼大局，求大同舍小异

明治维新可以说是一部近代日本诞生的电视剧，其中最惊心动魄的一幕当数江户城无血开城。如果当时两军在此开战的话，不仅会带来不可估量的牺牲，而且都无法预计日本之后会如何发展。

当时发挥最大作用的两个人当数胜海舟和西乡隆盛。两位互相尊重、互相信赖的大人物，在国家大业面前做出的决定，对日本和日本人来说是一桩幸事。

当时，不管是政府军一方还是幕府一方，都有不少人主张开战。而且，当时双方都各有一定胜算，万一实际开战，根本无法预判胜败的走向。此外，政府军和幕府军背后分别有英法两国暗中支持，可以说形势错综复杂。

所以，如果当时这两位大人物只考虑自己一方的利益而不顾民族国家大义，谈判势必走向决裂，最终会导致双方分别借助强大的外国武力来死战到底。

但是，胜海舟和西乡隆盛对这种情况非但没有忽视，还从更深层次考虑了日本的将来。当时的亚洲各国不断沦为欧美列强的殖民地，如果日本人之间再在国内开战，无论最终哪方取得胜利都会导致国家混乱疲敝，一旦外国势力乘虚而入，那么日本说不定会亡国。为了避免出现这种情况，胜海舟和西乡隆盛二人都认为需要舍小异求大同。正是二人的一致想法，最终才使江户城无血开城成为现实。

当然，当时有这样想法的人不只是胜海舟和西乡隆盛，还有不少的仁人志士也都有着同样的想法。正是这样的想法，虽然经历了一些曲折和纷争，却最终使得明治维新的大业得以比较顺利地实现，也让近代日本顺利诞生。

从这件事也可以看出，领导者不拘泥于眼前利益和细枝末节，从大处高处着眼，从大局出发判断问题是多么重要。对于领导者来说，最重要的心态就是学会问自己什么事情才是最重要的、什么事情才是真正正确的，着眼大局舍小异求大同。

正确的信念
领导者需要不断思考何谓正确并坚定信念

  肯尼迪担任美国总统期间,苏联开始在古巴部署导弹基地,在即将建成 90% 的时候被美国发现。当时,肯尼迪向赫鲁晓夫表示,苏联在距离美国一步之遥的古巴建设导弹基地,让美国国民非常不安和焦虑。所以希望苏联马上将其撤走。而且,肯尼迪还强硬表示如果苏联在××时间之前不撤走的话,美国将会自己动手。所以,在经过了许多曲折之后,赫鲁晓夫决定由苏方撤走基地。

  这就是所谓的古巴导弹危机,当时肯尼迪冒着不惜一战的风险,出动舰队将海面封锁,一副备战态势。最终事态没有发展到开战的地步。美国未损一兵一将成功地让苏联将导弹基地撤走了。

  究其原因,还是因为肯尼迪总统的决心足够坚定。正是因为有这样坚定的决心，才会考虑什么才是正确的事情，用强烈的信念来做出决定。正是因为他想着"在古巴修建了导弹基地，美国国家和国民的安全就会受到严重威胁。这是绝对不能允许的"，所以才会生出根据情况不惜使用武力的强烈信念。这信念如此强烈，使赫鲁晓夫最终选择撤走基地。

当然，自不用说这样的信念背后是美国的强大军事实力在做支撑。如果没有这个凭仗，就算再三要求撤走，也只会被无视。但是，苏联当时也是不逊于美国的强国，仅靠武力是不会使其轻易做出让步的。所以，只有与建立在正确事情之上的强大信念相互作用，军事力量才能真正发挥作用。没有强大的信念，武力也未必能发挥真正的力量。看到同样是美国，面对远弱于苏联的"北越"（越南民主共和国），付出巨大的代价也未能取得胜利时，就会再清楚不过。同样也能明白正确的信念对于领导者来说何等重要。

水库式经营
领导者需要在各方面做好水库式经营

上杉治宪,也就是后来的鹰山公,十七岁就任米泽十五万石的家督时,藩内财政已经困难到极点。在他继任前的大饥荒中,举全藩之力也无法救济藩民,灾民大量饿死,事态惨不忍睹。

于是治宪带头厉行勤俭节约,他在向臣下发出大俭约令的同时,擢升有为人才以图殖产兴业。此外还储备救荒米以备不时之需。

大约十年之后,备荒仓内粮满囤谷满仓。1783年,浅间山火山爆发,导致奥羽地区出现前所未有的大饥荒。而米泽藩却没有重蹈覆辙,最终度过灾荒。之后的殖产兴业也逐渐结出丰硕的果实,曾经因数百万借款而苟延残喘的财政也有了盈余。治宪也因此在很长时间里被誉为江户时代最有代表性的明君。

像治宪储备救荒米这类事情，还有不少其他被称为明君的领主也在做。我觉得这样的行为可以称之为水库式经营。为防止河川的水全部流走，所以修建好堤坝在水量多的时候储水，等到枯水期再放水以调节水量，用来发电或灌溉。这样的想法，可以用在国家运营、企业经营以及公司和人生的各个方面。这样做可以让我们不被不测之事态所左右，实现坚实稳定的发展。所以，领导者尤其要注意做好水库式经营。

水库式经营，换句话说就是提前留出一定的富余。如果是经营企业，需要资金为100的时候就准备好110的资金，这就是资金的水库。或者将设备的运行率设定在90%左右实现合适的收支核算，留下10%的富余，以便在需求突然增加的时候也可以顺利地实现供给，这是设备方面的水库。此外，还可以考虑随时维持适量的库存，以作为产品的水库。这些措施可以在很大程度上确保企业不被经济好坏所左右，以实现稳定经营。

　　与此类似，国家的管理、自治体以及各种团体的管理也需要水库式经营。为了做到这一步，首先需要领导者自己在内心同样筑起水库。

和谐共荣
领导者须有四海皆兄弟的想法

四海之内本皆兄弟,如此世界奈何风波不止。

这首短歌出自明治天皇之手。他认为虽然出于各种不得已的原因,双方很不幸成为敌人兵戎相见,但是同样作为人,双方其实像兄弟一样,应该和谐共荣。

这不仅仅是明治天皇一人心中所想,而是日本的传统精神。从更恢宏的角度来看,也是人类共通的想法和期望。

但是,反过头来看今天的社会和世界,却出现了许多有违日本传统精神和人类共通愿望的现象。不得不说,这正是由于人们忘记了"四海之内本皆兄弟"这一想法。所以,世间的领导者,现在有必要重新回想一下"四海之内本皆兄弟"的想法,然后再思考兄弟之间应该如何相处。

如果所有的领导者都能贯彻这样的想法,并付诸行动,那么世间大部分的纷争都会消失得无影无踪。经济界不会再有过度竞争,劳资之间也不会再有对立,政党之间也不会再一直因为无足轻重的小事对立,而是会为了国家和国民实现合作。最难得的是,给世界带来最大不幸的战争也会逐渐消失。

当然,即使明治天皇心中有这样的想法,却仍经历了两次大型战争,可见想要真正实现和谐共荣有多么困难。也正因如此,领导者才更要拥有强烈的"四海之内本皆兄弟"的想法。

受人使用

领导者要有被部下所使用的心态

北条氏康是日本战国武将北条早云的孙子,他继承祖辈的功绩,终于平定了关八州。氏康不但精于治国,而且英勇善战、百战百胜,可以说是文武双全的名将。

在他将家督之位让给儿子北条氏政自己归隐之后,有一次他问氏政,继位后他最开心的事情是什么,氏政回答说是选择部下,判断他们的能力。氏康表示大为赞许,他提醒氏政,作为大将,选择部下是再普通不过的事情。但是,部下也会有选择大将的时候。只有平时爱护部下、怜悯百姓,一旦有事的时候他们才不会弃自己的将领而去,转投其他的明君良将。所以,身为大将,需要时刻谨记。氏康知道氏政生于富贵之家,锦衣玉食,这样的事情自然不会明白，所以提醒他一定要加以注意。

不幸的是，氏政虽然受到了父亲的教诲却没有认真听从，他自己的儿子氏直则是如同谚语"小田原评定"①一样优柔寡断，最终向秀吉投降。尽管如此，在与秀吉大军对峙固守城中的半年时间内，正常来说很容易出现的叛逃的人，实际却很少。后来氏直被流放高野山的时候，还有很多武士宁可丢掉性命也要跟随他。之所以能有这么多忠心耿耿的人才，还是跟早云以来尤其是氏康时期的培养有着莫大的关系。同时，这么多难得的人才，也需要大将有足够的能力慧眼识人。

从形式上来看，一般是领导者用人让他们为自己工作。但是，如果换一个角度的话，也可以说领导者才是被使用的一方。所以，即使口头上说着"去做这个，去做那个"，仍需要在心里有"拜托

---

① 原指北条氏每月两次讨论问题的会议制度，后引申为议而不决的漫长会议。——译者注

了"甚至"求你了"这样的想法。如果做不到这一点,以为只要下达命令,别人就会按照你的意愿行动的话,那就会大错特错。只有拥有这样的心态,才能成为被部下拥戴的大将。

尤其是大规模的组织和集团的领导人,更需要贯彻这样的心态。

适岗用人
领导者在安排工作时要熟知每个人的特点

德川幕府第八代将军德川吉宗通过亨保改革将之前混乱的社会重新纳入正轨,因功绩卓著被世人称为"家康再世""德川幕府中兴之祖"。吉宗这位明君非常大胆地起用各种人才,有名的江户町奉行大冈越前守就是其中之一。大冈在担任伊势山田奉行的时候,裁决各种案件非常正大光明,很受当时还是纪州藩主的吉宗的青睐。所以,吉宗在就任将军后,很快就提拔了大冈。

其实,吉宗以前的将军也不是没有重用人才的惯例,如第五代将军纲吉就提拔过柳泽吉保。但问题是,当时倾向于仅以"宠臣"的形式重用个别官员。在这一点上,吉宗不只提拔了大冈越前守,还根据每人的不同能力起用各种人才,这一点与之前相比是非常不同的。通过适岗用人，吉宗统治下的政治可谓是封建时代中的一抹新鲜色彩，当然也取得了丰硕的成果。

每个人无论是从精神上还是从肉体上都各不相同，具备不同的才能和特点。所以，将不同的人安排到合适的岗位，就可以发挥各自的特点，使其能力施展到最大程度。从这个意义上来看，适岗用人不仅可以使人才得到充分利用，给个人带来幸福，还可以让每个人的职责得到最大程度的实现，这对其他人甚至整个职场都会产生正面的影响。可以说，大冈越前守升任江户奉行一事，不仅使他的能力得到发挥，更是惠及所有江户百姓。

适岗用人为自己和他人都会带来幸福，所以领导者在用人的时候，必须充分考虑各自的特点，不断提醒自己做到真正的适岗用人。

同时，领导者还需要不断自省，自己是不是真正适合该岗位的人才，除自己外还有没有更加合适的人才。只是一兵一卒的岗位没有做到适岗用人的话，影响可能还会比较小，如果大将的岗位没有做到适岗用人，那甚至可能会导致全军覆灭。从这个角度来看，领导者不但要考虑部下的适岗用人，还要时常考虑对自己是不是也做到了适岗用人。

向对手学习
领导者要有向竞争对手学习的心态

  德川家康英勇善战，几乎在所有的战役中未尝败绩，因此被称为"海道一弓取"[①]。小牧·长久手之战中，就连丰臣秀吉都在局部战争中输给过他。尽管如此，德川家康却在与武田信玄的战斗中完败。三方原之战中，虽说双方军队数量有一定差距，但在信玄堪称艺术的指挥下，就连一向能征善战的家康也几乎九死一生，被打得几无还手之力。

  但是，不久之后信玄病逝。听闻这一消息后家康对家臣说道："信玄去世真是令人惋惜。作为古今名将，他的兵法我年轻的时候就在学习，可以说他是我的老师。而且，邻国有此强敌，才激励我在

[①] 意为东海道第一的大名。——译者注

政治军事上一刻都不能偷懒，所以自己的国家也才得以强大。如果没有这样的对手，我就会安于享乐、懈怠松弛进而导致国力衰落。所以，像信玄一样的名将之死，虽为敌手却令人甚为遗憾，丝毫不值得欣喜。"

不愧是取得天下的家康，果然看待事情的角度卓越无比。邻国有强大的对手，就在前不久还被对方打得体无完肤。正在这时强敌突然死去，一般人都会拍手称快。但是，家康看到的并不是眼前的事情，而是从更宏大的角度考虑，信玄不但是自己的老师，还激励自己励精图治。所以像信玄这样的对手，对于自己国家夯实长久的基础是有积极价值的。

当前，比如说企业在与非常强大且经营良好的对手开展竞争时，很可能动不动就会觉得对方令人头疼、非常难办。但是，如果能像家康那样考虑问题，大力引进对方经营中的好方法，当然跟这样的对手进行竞争确实存在困难的一面，但同时对自己也是一种强有力的鼓励,最终会对自己企业的发展产生正面影响。如果能这么想,那么也就会素直地吸收对方的优秀之处,自己的心境也会舒畅,或许会想到超越对方的好方法。

家康的天赋毋庸置疑。但是,从对手身上学习这一点,毫无疑问是他成就大业的一个非常重要的因素。

天下之物
领导者需要站在公众立场考虑问题

左马之助明智光春被丰臣秀吉的军队围困于坂本城，最终城破之际不忍心看到城内珍藏的各种宝物被破坏，于是把宝物吊到城下交给了敌军。吉川英治的《新书太阁记》中就有光春将宝物交给敌将堀监物的描写。

光春这样的态度，秀吉也甚为赞叹："以前松永弹正在信贵山灭亡之日，因舍不得珍藏的平蜘蛛茶锅落于他人之手而将其砸碎。与光春相比，二人简直有天壤之别。光春真是一位令人惋惜的武士。"

时至今日，大部分的钱财宝物都有自己的主人，物品归属都是明确且受到法律保护的。但是，认真思考的话就会发现，其实这只是形式上归个人所有，从本质上看，就如同光春所说，其实这些都是世间之物，是天下之物。

比如以企业为例来考虑这个问题。企业汇聚一些资金，占用一些土地，运用物资和人员开展经营，从形式上和法律上来讲，这些资金、物资等都是企业的，但是原本这些资源并非某一人的私有物品，而是属于天下的。只不过，为了更有效地利用这些事物，并给社会带来积极的效益，出于权宜之计允许形式上归于私有。这样的想法不仅适用于企业，也适用于世间万物。

领导者必须了解这一事实，无论什么事物都是归于天下所有，归于公共所有的。所以，自己所做的事情从根本上来说也属于公共事务。这样的觉悟是非常必要的。

在中国，传说古代圣人尧将国家禅让给了另一位圣人舜，但是孟子对此的评价是：并非"尧以天下与舜"，乃"天与之"。领导者应该深刻体会孟子这句话的含义。

天地自然之理
领导者应知晓并顺应天地自然之理

老子说过这样一句话,"侯王若能守之,万物将自化"。老子所说的道,不是所谓的道德道义,而是内涵更广的"大自然的原理"或者"天地自然之法理"。归纳起来就是,只要领导者遵守天地自然之理来做事,那么一切都会进展顺利。

这句话简直就是至理名言。在宇宙之间,到处都是天地自然在发挥作用,万物都遵守天地自然之理而运转,人类也不例外。只不过,人类有着其他万物所不具备的智慧和才干,所以才创造了伟大的文明和文化。

这些伟大的文明和文化,看上去似乎是人类仅依靠自己的力量创造的,但实际上并非如此。因为这些东西原本就存在于大自然之中,只不过是人类将其发现并加以运用而已。换言之，文化和文明就是遵守天地自然之理，将这些道理在人类共同生活中具体化的东西。

但是，如果人类忘记了这一点，而误以为所有东西都是只靠自己的力量创造的，那就难免拘泥于小小的人类智慧，从而导致违反天地自然之理的想法和行为产生。人类社会所有的不幸和纷争，究其根本都来自这里。所以，我们人类尤其是领导者，必须知晓天地自然之理并加以遵守。

遵守天地自然之理，简单来说就是理所当然地做理所当然的事情。举个最浅显的例子，就好比下雨就要打伞，就是这么极其理所当然的事情。只有在这种理所当然的事情上不偷懒，才能减少失败，走上成功发展的道路。

具体到企业经营，理所当然的事情就是研发出好东西，以便宜的价格出售，并且保证合适的利润。然后还要按时收回款项。其实要做的也只有这些，并非什么特别困难的事情。

但是,想要贯彻执行这些,却是一项困难的工作。人类总是在不知不觉间受制于自己的欲望和感情,将这些理所当然的事情忘在脑后。正因如此,领导者更需要时刻铭记必须遵守天地自然之理。

坚定信念
领导者要考虑自身能力之外的因素

孔子周游列国，路过一个叫作匡的地方时，因为被误认为是另外一个人，而被当地人围攻。弟子们当时都深感不安，孔子说："我现在承继古代圣人之道，并欲将其传播于世，这是我的天命。上天让我负起传承圣人之道的责任，只要上天没有毁灭圣人之道，匡人就不能把我怎么样。所以你们不用担心。"

世上有没有天命或者命运，确实是个非常难的问题。由于没有科学的证明方法，所以有人认为天命是不存在的，相反也有人认为它是存在的。孔子就认为天命是存在的，因为孔子明确地说过自己到了五十岁而知天命。

也就是说，孔子以研究古代圣贤倡导和践行的正确道路,并将其应用于当时的社会、传承给后世为自己一生的工作。但这并不是仅基于他个人的意志和想法,也基于比这些更加强大的力量,也就是天命。也就是说他受天命驱使在做这样的工作。这里也体现了孔子的绝对强大之处。

如果人只是基于自己的想法和意志来做事,不管所做的事情如何正确,也会因周围情况的影响而出现动摇和犹豫。但是,如果自己所做的事情,其中有一部分源于自己的意志,但是在这之上,还源于命运的邂逅,所以做这样的事情就是自己的天命。如果能这么考虑,那么自然就会有强大的安心感,受到影响也不会轻易产生动摇。

不管是生而为人,还是出生在日本这个国家,都不是源于我们自己的意志。所以,这些事情也可以当作一种命运。从这个意义上来看,身为领导者必须肩负起某种责任,其中除了按照自己的意志来开展工作外,社会变化、世态变化等冥冥之中自有安排的东西也在发挥着作用。

尽管没有办法用道理解释清楚，但通过对天命和命运的思考，养成身为领导者所需的坚强信念也是非常重要的事情。

修养德性
领导者需有德方能养成各种力量

第二次世界大战刚结束的时候,当时的中华民国国民政府主席蒋介石发表了"以德报怨"的声明,未对日本要求报复性条件和赔偿。这对每个日本人来说,都是应该真心感谢的事情。

在中国,两千五百年间人们一直将"以德报怨"当作领导者必不可缺的一种心态,这也是一个良好的传统。比如,诸葛亮为了让边境蛮族归顺,不只依靠武力,通过七擒七纵终于让蛮族心悦诚服的故事广泛流传。中国这样的优良传统由蒋介石予以亲身实践,这对领导者来说也是非常重要的事情。

原本,人想要支配他人实际上是非常困难的事情。用力量或者命令,又或者是理论来支配他人,也不是不可以。特别是如果说"不做这件事，就会要你的命"，大部分人都会因为惜命，哪怕不情愿也会去做。但是，不情不愿地做，无论做什么事情都不会取得巨大的成果。

所以，仅靠武力、财力、权力，甚至智力，是无法真正支配他人的。当然这些力量也应该得到一定程度的灵活运用。真正重要的应该是通过德行，让人真正地心服口服。

释迦牟尼就具有真正伟大的德行，据说就连狂暴的大象在他的德行面前都会不由自主地下跪。即使做不到这种程度，领导者也应该拥有被人敬仰的德行。只有这样，领导者的权力和其他力量才能真正发挥效用。

所以，领导者应该努力提高自己的德行。就算领导者，也会有反对者和敌人。对这些人，当然可以行使某种力量来对抗，但是光靠这些力量的话会产生新的反抗。在使用力量的同时，为了能拥有将反对者和敌人同化的德行，还须时刻体谅对方的心情，磨炼自己的心境，不忘随时提高自己的德行。

独立心
领导者要培养自己和他人的独立之心

"钢铁大王"卡内基被问到成功的秘诀时,是这么回答的:

首先要生于贫寒之家。之所以这么说,是因为在投身到社会洪流之中时,必须有靠自己的力量游下去的决心。因为一开始的时候,不能有救生圈,不能有救生工具,也不能有一粒食物,否则就会养成依赖心理。最重要的是独立心,贫穷家庭的孩子从一开始就处于这样的境况之中,反而可以说富裕家庭的孩子非常不幸,很难天生带有独立心。

出身于贫穷的移民家庭,从身无分文开始起家,最终到富可敌国的程度,这也是卡内基自身的经验之谈。

其实,无论做任何事,如果没有独立自主之心,只想着依赖依靠他人,即使成功也是无根之水。不管是个人,还是一家公司,如果一味依靠外来的资金和技术,而不依靠自身,那将无法实现可靠的发展。上升到国家层面也是如此,如果一味依靠他国的资金、资源以及善意之类的东西来维持国家的生存,其基础会极其脆弱。在石油危机的时候,日本政府和企业以及一般国民全都惊慌失措,一片混乱。这是因为大家都在不知不觉之间忘记了独立自主的精神,依赖心理高涨。与此形成鲜明对比的是我们的邻国中国,中国坚持独立自主、自力更生的方针,虽然目前还未达到富裕国家的水平,但却迈出了坚实有力的步伐。

所以,领导者首先要自觉养成独立自主的精神,并且坚持贯彻。同时,还要尽力培养他人的独立心。领导者自己就算拥有再强大的独立心,如果人们只想着依赖领导者,组织也无法获得发展。

明治时代的先驱者福泽谕吉就曾一语道破，"没有独立精神的人，无法深切地关心国事"。没有独立心的人，即使几千人、几万人聚集到一起，也不过是乌合之众。这一点不只适用于国家，假如一家公司的社员没有独立心，也是同样的情况。

独立心的涵养，是左右一家公司、一个团体，乃至一个国家盛衰的关键，领导者必须深刻地认识到这一点。

不拘泥于旧有观念
领导者不能拘泥于旧有观念和事物

德川时代后期,身居领导阶级的武士们,由于长年的太平盛世,逐渐丧失了曾经的尚武风气。在举起攘夷大旗的长州藩,百姓和商人们嘲笑"武士们已经弱到毫无用处的地步了吗",武士当时的境况实在不尽如人意。

就在同一时代,高杉晋作创建奇兵队,只要是有志向、有能力的人,不问身份出身都可加入。结果,不仅是下层的藩士,就连农民、商人和猎户都源源不断地加入队伍。然后,高杉晋作为这些战士制定严格的规矩,奇兵队经过严格训练后,在第二次长州讨伐战中,在各地将全部由武士组成的幕府军队接二连三地击溃,取得了非常重大的战果。

不管太平时期武士变得多么脆弱，战争本来就应该是武士做的事情，这一印象在当时仍然是根深蒂固的常识。据说即使进入明治时代，开始实施征兵制，允许一般百姓加入军队的做法曾遭到激烈的反对。进入明治时期后还有这种情况，更不用说在此十年之前，在还完全看不到社会的发展方向之时，让一般百姓参军是何等异想天开之事。

而第一个吃螃蟹的人就是高杉晋作。他看到当时的世界形势和外国军队的现状，再回头审视日本当时的情况，不拘泥于之前的固有观念，考虑日本应该采取的措施。正是有了不囿于旧观念的想法，他才会想到今后不能再像以前那样只以武士为中心，应该从更大范围内聚集有为人才。

人往往会囿于某一种想法，思考问题时尤其难以脱离过去的常识和旧有观念。但是，时代每时每刻都在变化，昨天还是正确的想法，今天就不一定能行得通。

所以，领导者不应拘泥于过去的常识、固定观念等，应该时刻保持用新的目光来看待事物的心态。然后还要用不拘泥于过去的心态来不断发现新的想法，这样才会带来进步和发展。

努力
领导者必须知道彻底的努力才是成功的要诀

发明家爱迪生在被别人称赞为天才的时候，是这么回答的："天才是百分之一的灵感加百分之九十九的汗水。"

爱迪生发明了白炽灯泡、留声机，以及其他多个划时代的产品，将爱迪生称为天才，我相信没有人会有丝毫犹豫。从我们的角度来看，这些伟大的发明只能是源于天才般的头脑。但是，爱迪生却说这些并非天生的，而是来源于汗水，也就是努力。

其实，能够充分说明爱迪生有多么勤奋多么爱好学习的故事多得不可胜数。他一旦做起实验来，往往会废寝忘食，到该休息的时间仍然全身心投入其中。还有就是被问到成功的秘诀时，爱迪生说秘诀就是"不去看钟表"等类似的故事。他非常不喜欢晚上，因为光线变暗影响做实验，据说这也是他发明电灯的一个重要原因。爱迪生小时候被认为有智力障碍，甚至小学的时候还被勒令退学，即便如此，他却成了"发明大王"，这跟他的努力是分不开的。

我们动不动就感叹自己的才能不够，做什么事情不成功也会将原因归于此。确实，人的素质和天赋是一个非常重要的方面。比如在相扑行业，能做到横纲[①]这一级别的力士，肯定有着相当高的天分。但是，也有人虽然拥有非常高的天分，从小就有将来做到横纲的潜质，但是到最后并没有取得优秀成绩。究其原因，往往就是因为他练习不够，或者说就是因为不够努力。

所以，每个人，尤其是领导者，在说自己素质、天赋不够之前，首先应该问一下自己做了多大

[①] 日本的相扑运动员共分十级，横纲是相扑运动员资格的最高级别。——译者注

的努力。正如爱迪生所说，灵感也就是想法的闪现是极其重要的。但是，一味坐等是等不到灵感闪现的，灵感是在彻底努力之后的结果。

伟大的科学家爱迪生那种努力到底的精神值得各位领导者认真学习。

目光长远
领导者要有长远的思考

织田信长在本能寺被明智光秀杀害之时,丰臣秀吉正在兵围备中高松城。收到信长遇害的消息,秀吉马上与毛利议和率大军返回。议和之后,毛利一方得知本能寺之变的消息,部将中有人认为这是千载难逢的好机会,强烈建议撕毁和议追击秀吉的军队。

对此,毛利一方的副将小早川隆景持反对意见:"战乱时代已持续百年之久,现已显现结束势头。在这样的时代,秀吉可谓杰出人物,信长死后天下自然归于此人之手。如果现在摒弃议和誓言与秀吉结下宿仇,日后必难逃亡国灭家的命运。所以不如怀议和之心,日后与此人共享富贵。"

就这样,小早川说服了自己的外甥兼主君毛利辉元和哥哥吉川元春，毛利家最终还是选择了坚持议和的方针。果然，秀吉击败光秀，走上统一天下之路。秀吉之后也对此事深怀谢意，对毛利家和隆景都给予了优厚待遇。

人们往往会拘泥于眼前的利害得失，而看不到长远的利害得失。当然，每时每刻都会有当前发生的事情，做好当前的事情毫无疑问也是非常重要的。但是，为了确保眼前的事情少犯错误，就需要用长远的目光来看待事物、考虑问题，在此基础上决定眼前的事情。

有些事情短时间看上去似乎是划算的，但是长期来看失去的可能会更多。相反，有些事情，眼前会有些损失，但是今后会得到更多。类似这样的事情，事后看无论谁都能明白，但实际上人往往会只根据眼前的事情来做出决定。

实际上，隆景正是从长远来考虑毛利家的长治久安的，甚至留下了遗言。结果毛利辉元没有听从隆景的建议，在关原之战中被推举为西军大将，最终导致失去大部分封地的后果。所以，领导者平时要考虑如何用长远的眼光来看待事物、从长期的角度来判断事物，并将其贯彻执行到位。

做好自己

领导者无论遇到什么事态都要做好自己该做的事情

明治时代的先驱福泽谕吉曾在彰义队之战当天，不顾当时的兵荒马乱，坚持在离上野不远的塾内用英文讲授经济学。当时，他说了下面这番话来勉励学生："荷兰曾经在拿破仑战争的时候，几乎所有领地都被占领。当时全世界只有长崎出岛的荷兰人居留地还飘扬着荷兰的国旗。尽管如此，荷兰人还骄傲地说自己的国家从来没有被消灭过。我们同样不管遇到什么样的社会动荡或变乱，日本洋学的命脉也没有断过。所以只要这间塾还存在，日本就是世界上的文明国家。不用在意世间的变化。"

居安思危，即使身处太平盛世，也要想到乱世之日，不能怠于做好物质精神两方面的准备。这也是领导者应该具备的一种非常重要的心态。同时还要处乱思治，即使社会动荡混乱，也不能随波逐流，仍要静下心来做好自己该做的事情。

福泽谕吉曾经远赴海外，认清了时代的发展方向。所以才想到今后要大力引进西方的学问，培养能够在实际中发挥作用的人才，以此来实现日本的复兴。他认为这才是自己最应该做的事情。

所以，不管是近在咫尺的上野发生战斗，还是各地风云突变的消息传来，福泽谕吉仍然珍惜每一寸时光来教授洋学、教育弟子。

人总是容易被周围的环境所影响而随波逐流，处于治世则歌舞升平一片祥和，处于乱世又张皇失措迷失自我。为了避免出现这种情况，时刻保持信念达到积极生活的目的，大家需要考虑自己应该做什么，考虑应该如何做好自己的事情努力前行。对于个人来说，这是一种重要的生活态度。对于领导者来说，更要时刻把握好其中要务。

不管遇到什么样的事态，领导者都不能受其迷惑,只要拥有淡然处之、做好自己该做之事的态度,大家就会随之效仿。从某种角度来看,领导者的成功秘诀就是竭尽全力做好自己该做的事情。

人类观
领导者必须对人类有正确认识

丰臣秀吉得到天下的时候，他的养女也就是宇喜多秀家的夫人生了一场病，病因是"狐狸精附体"。当时，秀吉给稻荷大明神写了这样一封红印公文：

你如此喜欢人类的身体，简直是岂有此理。这次就暂且原谅你。如果今后还有类似的情况出现，我会命人每年在日本全国开展狩狐活动。世间生灵万物都会挂念在我心上。所以速速从秀家夫人体内退去。

为政之人给神社寺庙的神主或住持发红印公文本不是什么稀奇的事情，但是像这样给稻荷大明神这一神灵下达命令的仅有秀吉一人。正常情况下，发给神佛的一般都会采用祈文的形式。或许在有些人看来，秀吉的态度可以算得上是倨傲无礼。

但是，秀吉的想法大概是这样的。自己受天皇之命就任关白①一职，就有责任担负天下万民的平安。所以，只要是这一国土之上的事情，哪怕是神灵做出了让人不幸的事情，自己作为政治负责人就有必要加以纠正。关于这一做法的对错，也有各种争论。但是，从这件事中可以看出秀吉将人放于首要位置的人类观，确实值得深思。

我们为了使社会变得更好、让人更加幸福，首先重要的一点就是要了解人本身。换句话说就是要知道人是什么样的，应该走什么样的路，也就是必须拥有正确的人类观。如果欠缺对人的正确认识，不管采取什么样的措施，做出什么样的努力，往往都无法得到很好的结果，甚至有时候还会对人本身

---

① 辅佐天皇处理政务的重要官职。——编者注

造成不可预知的伤害。

从这个意义上来讲，领导者首先要有正确的人类观，还要从中得出正确的社会观和世界观，在此基础上树立的指导理念，方能成为强有力的前进指引。

懂得人情世故的微妙之处
领导者处理问题时要深谙人情世故的微妙

人们经常说"衣食足而知礼节"。其实这句话原本应该是"仓廪实而知礼节,衣食足而知荣辱",是中国古代齐国政治家管仲说过的话。

管仲的本意是想说如果道德道义衰退国家就会灭亡,以此来强调道德道义的重要性。同时,也考虑到用谷物满仓、人民不缺衣食这样物质方面的丰盛来保证人们的道德道义。以此在奖励道德道义的同时以图实现经济繁荣和国家富强。终于,齐国从一个东方小国发展成为春秋霸主。

可以说管仲对人性做到了很好的把握,或者说精通人情世故的微妙之处,所以才能说出这样的话,做出这样的事情。实际上,管仲还曾经说过"政之所兴,在顺民心",将所有政令做到了容易理解和便于执行。

人心其实很难用道理来解释。从理论角度来考虑，这样做更好，这样的事情可能会受欢迎，但是有时候人心可能会走向完全相反的方向。人心确实是一件令人头疼的事情，但是它也有着某种方向性，或者说具有一定的规律。如果能在一定程度上学会这样的东西，那可以说就是学会了人情世故的微妙之处。

如果没有掌握这类人情世故的微妙之处，仅通过理论和道理来做事，很有可能会遭到人们的反对而无法顺利进行，最终导致劳而少功。或者靠力量来强行推进的话，甚至还有可能给人们带来灾难。古往今来优秀的政治家和领导者的功绩也充分说明，他们都善于把握人情世故的微妙之处，并以此来行事。

要把握人情世故的微妙之处，需要通过各种体验，与更多的人进行接触。从这个层面来看，领导者要尽量拥有更多的社会体验。基于这些体验，不断用素直的目光审视他人，判断人们心中的动向。

充满热情
领导者要最热情

中国战国时期有一位名叫苏秦的人。他原本不过是一介布衣,为了能让自己的所学为世间君主所用,他四处游历。一开始他四处碰壁,但仍不放弃,最终为燕国国王所用。当时的中国除燕国外,还有秦、赵、齐、魏、韩、楚,共七个大国。位于西方的秦国日渐强大,开始攻伐其他各国。于是,苏秦以燕国为突破口,依次拜访赵、韩、魏、齐、楚,以极大的热情说服各国国王共同对抗秦国。这几个国王都被苏秦说动,最终苏秦兼任了六国的宰相。强大的秦国,在十五年间未能攻占这几个国家的土地。

战国时期,各国都在主动招揽人才。所以,身怀报国之志的人说服各国王公贵族而被重用的情况不在少数。其中身佩六国相印号令天下的苏秦，可以说是最为耀眼的一位。

当然，这与苏秦的对策得当、能言善辩有着密切关系。同时，也离不开他对说服六国共同抗秦一事的巨大热情。在交通不便的古代，能走遍中国四处游说本身就是一件困难的事情。据说他在燕国为了等国王召见就花了一年多的时间。一般人恐怕早已放弃的事情，苏秦却依靠自己的热情坚持下来，或许这就是他成功的原因之一。

其实，我认为热情才是成功的最大秘诀。如果只是随随便便尝试着做一下，任何事情都很难成功。只有想着无论如何都要做成一件事的时候，才能不断涌出智慧和诀窍。

特别是领导者，必须拥有比任何人都要强烈的热情。哪怕知识和才能方面比别人略逊一筹，对待事物的热情必须比任何人都要高。领导者具有务必想做的热情，才能够带动他人。这样受到领导者热情感召的人里面，有智慧的人就能分享智慧，有才能的人就能贡献才能,每个人都能提供自己擅长的东西。

身为领导者,无须为自己缺少才能而担忧,相反要为自己缺乏热情而感到恐惧。

收服人心
领导者要有能够收服人心的魅力

丰臣秀吉攻打北条氏的时候，伊达政宗虽然收到了秀吉的出兵邀请，却一直观望战局没有出兵。但是，看到秀吉军占据优势后，伊达政宗终于觉察到了自己的错误，尽管已经错过了最佳时机，仍然做好受到斥责的思想准备赶到了小田原。

秀吉虽然对伊达政宗的迟到进行了诘问，但之后却说先给你看下我军的阵营，于是爬到山顶，一一指着进行了说明。当时秀吉只带了一名家童，却把自己的佩刀交给政宗，完全没有把这件事放在心上。

后来政宗在与他人提起当时的事情时说道："那个时候只感到诚惶诚恐，完全没有任何想要加害太阁的念头。"就连名闻天下的伊达政宗都对秀吉心悦诚服。

其实不只是政宗，九州的岛津义久等众多与秀吉敌对的人，到最后都对秀吉非常钦佩。甚至还有德川家曾经的重臣石川数正如此重要的人物离开德川投奔秀吉的例子。秀吉就是这样拥有收服人心的魅力。这也许是秀吉天生性格如此，也许是因为他自幼流浪各国，对人情世故的微妙之处做到了极致。无论是什么原因，秀吉的魅力就像是磁铁吸附铁片一样，把很多优秀人才吸引到了自己的麾下。

拥有这种吸引他人的魅力，对于领导者来说是非常理想的事情。只要领导者能有让别人产生"想为了这个人做什么事情"想法的魅力，人们自然而然就会会集到他的身旁，而且还会为之努力工作。反之，没有这样的魅力，就很难成为优秀的领导者。

尽管如此，这样的性格一定程度上也有先天的原因，很难做到每个人都能掌握。但是，通过对人情世故的把握或重视别人的做法，也可以在一定程度上增加个人的魅力。

无论如何，领导者应该理解收服人心的魅力的重要性，最好能够不断提高这一素养。

善于组合搭配用人
领导者要善于通过组合搭配发挥每个人的最大能力

武田信玄一生贯彻"人即城墙,人即城池"的想法,一直没有为自己的国家筑城,反而是通过重视人的作用,通过最大限度发挥人的力量铸就了自己的地位。关于用人方面,他是这么说的:"我善于思考如何让部下实现平衡搭配。比如马场信房寡言又清高,所以让他跟健谈且做事麻利的内藤昌丰搭配。又比如山县昌景是急性子,每次看到敌军就恨不得孤军出战,所以安排他与遇事先深思熟虑才行动的高坂昌信一起工作。把倔强的人和灵活的人组合在一起,就能够像用水和火煮东西一样手到擒来。"

也就是说,在用人的时候如何进行搭配是一件重要的事情。确实如此,我们经常说要适岗用人,通过把不同的人安排在各自适合的岗位上，就可以更容易让人创造价值取得成果，这当然是极其重要的。这种时候，除了考虑合适的岗位即工作与人的搭配之外，还要同时考虑人与人之间的合理搭配。

每个人都有各自的长处和短处。所以，通过长短互补的组合搭配，可以使双方都更好地发挥自己的作用。另外，有的时候还会有总是节奏不合拍的微妙问题。当然，这样的问题可以通过双方的努力在一定程度上得到缓解。但是，通过更合理的人员组合来消除这样的问题，也是一个非常好的解决方法。

其实在实际生活中也经常会遇到这样的例子。以前安排了三个人去做一件工作，虽然每个人都很优秀，但是工作却很难顺利开展。所以干脆将其中一人调到其他地方，让剩下两人来做这一工作，结果在很短时间内就取得了之前两倍以上的成果。然后调走的那个人，在新的岗位上也非常活跃。类似这样的事情，相信大家都有过亲身体会。

把优秀的、聪明的人会集到一起，工作也不一定就会顺利开展。相反，即使是平凡的人，只要搭配得当，照样可以取得丰硕的成果。作为领导者，必须知晓关于人的组合搭配的奥妙之处。

善于锻炼人
领导者应严格地锻炼和培养人才

水户光国小的时候,在江户小石川的水户藩邸附近,有一处刑场名为樱之马场。有一天在那里处决了犯人,犯人被处决后枭首示众。到了晚上,光国的父亲赖房命令他去把犯人的首级带回来。

樱之马场这个地方树木茂密,就算是在白天也会令人感觉阴森恐怖。家仆们都很担心光国,但光国本人却毫无惧色,答道"明白了"就走出了家门并成功地带回了首级。

这就是所谓的试胆量。让幼小的孩子把刚砍下来的人头拿回家,让人觉得过于野蛮。但在古代,人们就是通过类似的方法对大名的幼主进行严格的身心锻炼的。

人只有通过各种锻炼才能获得成长。比如,在观看体育赛事的时候，经常会看到神乎其技的表演，而这些都是经过反复的严格训练才得以掌握的。不光是身体和技能方面，人的心理方面也是如此。禅宗的戒律非常严格，一般人很难忍受。但是修行高深的和尚，却丝毫不觉得痛苦，在生活中严格遵守戒律。

就像这样，人只要能够经受得住严格的锻炼，身心就可以得到提升。相反，如果没有经过严格的锻炼，无论天资多么聪颖，到最后也无法得到充分的展现。

作为领导者，为了更好地发挥人的伟大之处，一定要注意给人创造锻炼的机会。当然不能把古代的做法照搬到现代社会，这样只能起到反效果。锻炼人当然要采取适合当今时代的方法，但哪怕是方法稍微有些不得当，也时刻不能懈怠，需要通过某种方式来给人锻炼机会，让人得到成长。

善于用人
领导者要善于使用比自己优秀的人才

大汉帝国的开国皇帝汉高祖刘邦有一次与部下名将韩信有过这样一段对话。

"朕能带多少兵?"

"陛下最多能带十万兵。"

"那你呢?"

"我是多多益善。"

"你这么厉害,为什么却成了我的部下呢?"

"陛下不善带兵,但是善于统领将领。"

也就是说,在指挥大军赢得战争方面,韩信的才能要高很多。但是汉高祖刘邦确实善于统领韩信这类人。关于这件事情,刘邦曾与部下这么说:"夫运筹帷幄之中,决胜千里之外,吾不如子房(张良);镇国家,抚百姓,给饷馈(供给军饷),

吾不如萧何；连百万之众，战必胜，攻必取，吾不如韩信。三者皆人杰也，吾能用之，所以取天下也。"

我觉得刘邦的话非常有意思。将每样才能单独拿出来，汉高祖并不怎么杰出。甚至还有很多人比他优秀得多。尽管如此，一介平民出身的汉高祖却统一了广袤的中国，为后来长达数百年的庞大帝国打下坚实基础。他之所以能够成就如此伟业，其秘诀就在于善于利用比自己更加优秀的部下。

与汉高祖争夺霸权的楚霸王项羽是一位"力拔山兮气盖世"的绝世英雄。单就个人的才能和本领而言，项羽毫无疑问更高一筹。但是，"羽有一范增贤而不能用"，汉高祖指出的项羽失败原因，可谓一针见血。

不管是多么优秀的人，仅靠自己能做的事情非常有限。所以，不会利用他人的人，作为领导者是无法成就大事的。只有善于用人，善于听取他人建议，才能成就超过自己能力的大事。越是有能力的人，越容易盲目相信自己的能力，反而不能充分利用他人。希望领导者能够谨记这一点。

因人施策

领导者应该见什么人说什么话

《三国志》中最有名的一个场景就是赤壁之战。曹魏出动百万大军攻打吴国,吴国国内分成了主战和主和两大派。此时,刘备麾下的诸葛亮认为,如果吴国选择投降曹操的话,整个天下就会归曹操所有。所以无论如何都要联吴抗曹,于是亲自到吴国说服吴王孙权。

当时吴国主战派人物鲁肃跟诸葛亮说,为了能让主公孙权下定决心抗曹,必须把曹操的兵力说得少于实际数量。但是,诸葛亮在被孙权问到魏国兵力的时候却回答说:"号称百万,实际上更多,而且皆为精锐。所以现在求和才是上策。"孙权大为吃惊,反问道:"既然如此,为何玄德公弱于吴国却敢与曹操抗争?"诸葛亮答复说:"主公为复兴汉室，讨伐逆贼曹操义不容辞。这是大义之战，胜负只在其次。如果吴国只考虑本国的安危，还是建议向曹操求和。"孙权听到这样的话备受激励，终于下定决心迎战。最终孙刘联军合作赢得了历史上著名的大胜利。

诸葛亮知道孙权也是当世英雄，仅靠在敌方兵力数字上做些小手脚是无法轻松说服的，所以干脆采用了激将法，最终取得成功。这就是因人而异，见什么人说什么话的代表性例子。

无论多么好的想法、多么优秀的策略，只要没有被人接受并得到执行，那就等于一文不值。另一方面，不是所有人都永远会接受最好的想法和方案。所以，这就需要一定程度的说服力。而能够产生说服力的一个因素就是采用合适的劝说方法，也就是讲究因人而异。对任何人都使用同一种说法，是绝对不会顺利的。重要的是根据不同的对象，或者用大义来说服，或者用利益来诱导，有时还会动之以情，有时又可能需要晓之以理。

但是想要做到针对不同对象采用不同方法，需要具备足够的知识和经验。为了能做到这一点，领导者最重要的就是要平常积累各种经验，提高知识涵养。

求贤若渴
领导者先要求贤心切方能得人才

《三国志》中的刘备虽为汉室后裔,但家道中落,一贫如洗,平时靠卖自己织的草席糊口。尽管如此,他却立志复兴汉室,最终成为蜀汉的皇帝。其成功原因之一就是会集了大量的人才,诸葛亮就是其中最优秀的人物之一。

诸葛亮年轻的时候就因为才华出众而受人称赞,虽然心怀大志却没有主动投靠主公,身居草庐之中以保持孤傲的品格。刘备为了请诸葛亮帮助自己,三次到访诸葛亮的茅庐,礼数周到,诚心邀请。诸葛亮被刘备的诚心和诚意感动,终于出山辅佐刘备。刘备大喜说自己得到诸葛亮就是如鱼得水。

因为刘备过于优待诸葛亮,所以一开始部下的猛将都颇为不满。但是大家看到依靠诸葛亮的计谋一次次赢得胜利后，都表示心悦诚服。刘备在得到诸葛亮相助后，事业也得到了迅速的发展。

不仅限于刘备是这样的情况，如同"国之兴盛在于人，国之衰亡也在人""成事在人"所说，在谋事之际，能不能得到人才是极其重要的大事。甚至可以说，能否得到人才决定了事情的成败。

那么，如何才能得到重要的人才呢？从大的方面讲，可以说是靠运气和缘分。但是我觉得只有先求贤，才能有人前来。如果只是做出求贤的样子，是不会有优秀人才前来的。什么东西都是先有求后有得，对于领导者来说，只有心怀强烈的求贤之心，方能得到期待的人才。

刘备就是这样一位求贤若渴的主公。所以，在其他家臣说"不用做到如此地步"的时候，他仍然亲自三赴深山中的草庐来邀请诸葛亮。正是刘备这样求贤若渴的姿态感动了诸葛亮，也吸引了其他无数猛将贤臣前来辅佐。

这个世界上，整天感叹人才不够的领导者也不在少数。在此之前，大家是不是应该先扪心自问自己求贤的心究竟有多强烈。

日日新

领导者要每天都有全新的想法

中国古代殷商王朝的开国君主成汤以仁慈之心施行善政，就连孔子也称其为明君楷模，称赞其仁德。成汤使用的"盘①"上刻着"苟日新、日日新、又日新"。其中更深的含义另当别论，简单来说就是提醒自己每日都要求新，只有每日向新求新才能让自己不断进步。成汤把它当作对自己的告诫而刻在每天使用的盘上。

成汤如果是实际存在的人物的话，距今都已经有三千多年。当时时代变化极其缓慢，可以说是十年如一日的状态。即使在节奏如此之慢的时代，成汤都能想着每日求新，不得不说成汤真的是一位伟

---

① 古人沐浴用的器皿。——译者注

大的领导者。

不管世界变化或快或慢,其实每时每刻都在发生着变化。所以,昨天还是正确的事情,到了今天就不确定是不是仍然正确了。如果十年如一日地重复之前哪怕是正确的事情,成功也只能是虚无缥缈的幻觉。

所以,领导者要学会敏锐地感知社会的动向,每时每刻思考新的指导理论,并在此基础上寻求合适的对策。为了做到这一点,必须有求新的心态,不拘泥于过去的想法和做法,每天都从全新的观点思考如何做事。这对于领导者来说是必不可缺的重要条件。

在成汤之后,大概距今两千五百年前,释迦牟尼提出过诸行无常的说法。同时代的希腊哲学家赫拉克利特也曾道出:"万物流转,太阳每天都是新的,今天的太阳已经不是昨天的太阳。"

古今中外的圣贤之人都分别提出过向新求新的重要性,更不要说身处当今这个日新月异的时代,领导者更不允许还是一副旧态依然的样子。

开阔眼界
领导者要打开视野

西乡隆盛年轻的时候，曾经向主君岛津齐彬问过一个问题："最近经常听到传言，说您崇拜西洋。"齐彬是这么回答的："当今日本国力疲敝，西洋各国乘虚而入，实乃危急存亡之秋。而西洋文明非常发达，实力远非日本所能及。所以我才将眼光转向更加广阔的世界，取外国之长补我国之短，以求让日本成为先进的国家。而且，当今的日本文化原本也是从中国传来的，现在已经发展成为我们的东西。所以，对于井底之蛙的短视批评，我丝毫不在意。你也要注意培养更加广阔的视野。"

不幸的是岛津齐彬的志向还没完全实现他就去世了，很多人都将他视为"幕府末期第一明君"。胜海舟曾称赞齐彬"开国奠基之人非岛津公莫属"。西乡隆盛在明治维新期间能够如此活跃，也正是因为他曾经做过齐彬的心腹，接受了他的熏陶。

岛津齐彬之所以被称作明君，因为他不仅将自己的藩内治理得井井有条，而且还着眼当时的世界形势从中考虑日本的未来，更因为他能够从广阔的视野出发考虑藩内应有的状态。从这样的立场出发，齐彬还向朝廷和幕府进言，并说服其他大名培养藩士。这也是胜海舟对他评价如此之高的原因。

这种广阔的视野，对于领导者来说是不可缺少的。如果只将视野局限在本国之内，或者局限于自己的公司或团体这样的小范围内，很容易犯错误。尤其是当今这个时代，哪怕是在世界某个小角落发生的事情也会瞬间传遍全世界，并带来各种影响。从这一点来讲，已经远非幕府末期和明治时期所能比。

所以，领导者要主动学会从全世界、全国这样的广阔视角来看待事物，来考虑国家的管理以及公司和社会的管理。另外，也还要告诉他人拥有广阔视野的重要性。

没有不可能
领导者要坚信只要符合天地自然之理的事情皆有可能

拿破仑有一句名言"我的字典里没有不可能",相信大家都听说过。这句话听起来非常傲慢。最简单的例子,人连自己什么时候死都没有任何办法。不可能的事情数不胜数,甚至可以说对于人而言可能的事情相对更少。就连拿破仑本人,远征俄罗斯惨败,又被联军打败,最终被囚禁于远海上的孤岛不幸身亡。

所以,没有不可能,从另一个角度看充其量也只是人的自大妄为。但是,换个想法的话,这句话还是有一定道理的。

确实,对于人来说有很多不可能的事情,违反天地自然之理的事情都是不可能的。比如每个人都会死，这是最简单的天地自然的道理。违反这个道理去求长生，不管怎么求都不会实现。

但是，从另一个方面考虑，只要是符合天地自然之理的事情，那就是真的皆有可能。比如经营公司，只要符合天地自然的道理，那就一定能成功。制造出质量好的东西，以合适的价格出售，销售款项按期回收，简单地说这就是符合天地自然之理的企业经营的应有状态。如果照此操作的话，百分之百会获得成功。如果还是没有成功的话，要么是产品不好，要么是价格太高，或者是没有按时收回款项，一定是哪里出现了违反天地自然之理的问题。

孙子曾经说过"知彼知己，百战不殆"，那也是因为战争的方法符合了天地自然之理。

这样来考虑的话，没有不可能这一说法，确实有一定的道理。只要遵守天地自然之理，心怀志在必得的志向，做好自己应做之事，就没有什么是不可能的。即使真的有不可能的事情，那也是自己把事情变得不可能了。

　　拿破仑虽然说"没有不可能",却最终走向失败,这样的事情值得我们认真思考。

提出方针

领导者需要进行正确的思考并提出前进的方针

为了攻打中国地区[①]的毛利氏,织田信长命令明智光秀率一万三千人由龟山城出发沿丹波路行军。军队越过老之坂,到达桂川的时候,全军被告知"敌人在本能寺"。在此之前,只有少数几位重臣知道要讨伐织田信长,其他人都以为是去攻打中国地区。命令一经下达,一万三千名士兵向着京都蜂拥而去。之前连想都不敢想的谋反转眼之间就成功了。

光秀为什么走上叛主的道路以及光秀此举正确与否先另当别论。像这样只要大将一声令下提出方

---

① 在日本称为"中国地方",是对日本本州岛西部地区的统称,包含鸟取县、岛根县、冈山县、广岛县、山口县5县。——编者注

针，部下就能按照指示行动的事情，对于领导者来说必须深刻牢记。当时的士兵中可能有人会怀疑是否应该讨伐主君信长、会不会犯下大罪。但从结果来看，一万三千名士兵几乎一丝不乱地听从了光秀的命令。当然这与光秀平时擅长养兵有一定的关系，但是集团的特点就是一般情况下都会按照领导者的指示来开展行动。

从领导者的立场来看，确实存在很难让人按照自己的想法来行动的一个方面，这也是无可辩驳的事实。反之，当领导者决定向东走的时候，不管内心是否愿意，也很少有人会跳出来说"我反对，我要向西走"。

所以，对于领导者来说，决定前进方向并下达清晰的指示是非常重要的事情。按照这样的方针，全体都会朝着一个方向行动。因此，一个不容忽视的事情就是需要合理判断方针是否有误，是否合理。

尽管谋反一事严重背离当时的道德标准，但是方针一经提出就要贯彻执行。"若一匹狂奔,则会有一千匹跟着狂奔"这句话说的不仅仅是马。即使是人,如果领导者出现判断失误下达了错误的方针,也会变成这样子。所以,领导者需要平时多思考怎么做才正确,然后在此基础上下达完美无误的方针。

有容乃大
领导者对待敌人也应有包容的态度

在群雄割据的中国春秋时期，齐桓公曾称霸天下，其成功有很大一部分缘于宰相管仲的大力辅佐。但是，就是这个管仲，在之前争夺齐国国君之位的时候，却是桓公的敌对方，一心只想取桓公的性命。所以，桓公继位后想要处死管仲。这时有大臣进言道，"如果想称霸天下，必须重用管仲"，于是桓公将管仲任用为宰相。最后，管仲也感激桓公的知遇之恩，充分发挥自己治理国家的能力，使齐国日益富强，辅佐桓公成了天下霸主。

如果桓公的气量小到无法原谅自己的敌人，没有听进部下的忠言，或许他就没有办法取得后来的成功。可以说桓公的成功，不仅是因为他原谅管仲，更与桓公把政治实权交给管仲这一开阔胸襟密不可分。

丰臣秀吉曾经说过这样的话，"信长公威仪四方，他对曾经的敌人都彻底憎恶，并且给予非常严厉的报复。这也是导致光秀反叛的原因。所以，对于曾经的那些敌人，只要他们前来投降，我会像对待旧臣一样诚恳地欢迎。所以才能尽早平定天下"。秀吉和桓公的做法可以说是相同的。如果不原谅敌人，那么对方会想反正都是一死不如战斗到底，相反，如果只要投降就可以得到厚待，那么势必就会减少无意义的战争。

其实不只是敌对或者不敌对的事情，因为个人的好恶或者主义主张的区别而决定是接受还是疏远他人，都不是成熟的领导者应有的行为。

领导者不能拘泥于这样的想法和感情，应该善于接受所有事物，善于起用该用之人，怀有宽广的包容力。只有这样，各种人才才会自动会集到他的身边，也便于领导者将他们安排到合适的岗位发挥所长。

人们常说"大将之器",其实是否具有容人的宽广胸怀和度量,决定了一个人能不能成为"器"。

善于夸奖他人
领导者在该夸奖的时候要不吝溢美之词

　　加藤清正的家老①中有一人智勇双全,名饭田觉兵卫,他在清正去世、加藤家没落后没有再次出仕,而是选择在京都过起了隐居生活。觉兵卫曾经说过这样一件事:

　　我第一次上战场获得军功的时候,看到无数朋友中弹身亡,不由得想太恐怖了,再也不做武士了。但是,返回大本营后,被清正公夸奖说今天的表现非常出色,还赏赐了一把刀,所以没有办法向清正辞别。之后每次出战都想着这次战斗后一定要

---

① "家老"为日本江户时代大名手下的重臣,统率家中武士,统管家中事务。一个藩内设有数名家老,通常为世袭的。——编者注

解甲归田，但仍然每次都是马上就被赏赐披风或战功奖状，周围的人也都羡慕不已交口称赞。所以直到最后都没有按照自己的真实想法辞官，一直为加藤家四处征战。这么想的话，还真是被清正公巧妙地利用了。

就连饭田觉兵卫这样的勇士，每次在打仗的时候都会因为害怕而萌生不做武士的念头，这也确实值得深思。但在清正公的不断夸奖之下，结果一直持续做武士，也是一件非常有意思的事情。果然人还是需要不断的夸奖，才能因心存感激而努力前行。

当然，清正为人真诚而且宅心仁厚，绝非用花言巧语哄骗利用他人之人。因为觉兵卫忠于职守、战功卓越，清正才会发自内心地夸奖他。我们从觉兵卫所说的每次都是马上受到夸奖可以知道，清正一看到从战场返回的觉兵卫，就会夸奖他，并且还会当场给予赏赐或战功奖状。这样的心情使觉兵卫产生深刻的共鸣,所以终其一生效忠清正。

无论是谁,受到夸奖都会感到喜悦。因为没有什么事情能比自己的工作得不到认可更让人失落。夸奖不但让人感到喜悦,还能增强信心,也会激发下次要取得更大成果的欲望,成为人生成长的动力。

当然,面对失败和错误,也需要严厉地批评。但是,如果下属做了好事或者取得了成果,领导者一定不要吝啬给予由衷的赞赏和抚慰,这也是作为优秀领导者的秘诀之一。

把工作交给他人
领导者要善于借助他人的力量

孔子曾盛赞年轻弟子子贱,说他是"非常优秀的男人"。其原因是子贱曾被任命为某地的代理官员,但是子贱却整日弹琴作乐,不理政事。尽管如此,这个地方却日渐人心安定、经济富足。他的前任在任的时候,每天从早到晚拼命工作,却完全没有治理好。前任官员对此感到非常疑惑,所以向子贱请教为什么他能治理得这么好。子贱回答说:"因为你总是想靠着自己的力量,所以才会疲惫不堪。而我是让大家一起来做。"

这样的事情,时至今日也经常见到。同样是经营企业,有人每天优哉游哉的却能取得成功,而有人每天拼命到让人看着心疼却做不出一分成绩。究其原因,大部分都取决于是否能够巧妙地借助他人的力量。

子贱这个人能得到孔子的认可，说明其才能和手腕都毫无问题，即使亲自做必然也没有问题。越是优秀的人越对自己的能力有信心，为了展示自己的过人之处，往往容易出现事必躬亲的局面。但是，如果事事都依靠自己的力量，个人的能力存在极限，无论花费多少时间都不够。即使能够让人分担工作，自己也什么事情都想过目。难免出现在细节方面随意干预指手画脚的情况，这样部下会心烦意乱失去干劲儿。最终，难免导致劳而少功的结局。

大部分人被赋予某种责任，负责某项工作的时候，都会感受到自己肩上的重要责任，从而试图充分发挥自己的创意或想法来完成工作。领导者只需要抓好大纲提出基本方针，其余的责任和权限交给他人自由实施是最理想的方式。这样就可以自由发挥每个人的智慧，从整体上集众人之智来完成工作。

如果自己什么都不做，只是将所有事情都推给他人肯定是不行的。作为领导者，需要在心中牢牢把握工作的要点，在形式上将大部分工作交给他人，充分借助他人来完成工作，以"坐享其成"。

转换思路
领导者要能灵活转变想法和思路

丰臣秀吉当政时，天降大雨，淀川决堤，情况十分危急。虽然秀吉亲自到现场给家臣们打气，但是没有足够的土袋来堵缺口。这时雨下得越来越急，水位不断上涨。正在大家议论纷纷不知该如何是好的时候，石田三成赶到了现场。他马上命人打开附近的米仓，将数千袋装满米的袋子运出来堆到河堤上，转眼之间肆虐的洪水就被堵上了。

雨停之后洪水退去，这时石田三成又号召附近的百姓灌坚固的真土袋，作为报酬，每灌好一个土袋就奖励一袋之前用来堵河堤的大米。于是人们争先恐后地送来灌好的土袋，转眼之间河堤就被修得比以前更坚固。看到这样的情景，连秀吉都赞叹不已。

河堤是用土修筑的。所以，每个人都会理所当然地认为如果河堤决口应该用土袋来修复。但如果来不及灌土袋，三成想到的是，为了拯救众人的生命，优先考虑的是不管用什么东西先把决口堵上。这就是所谓的转换思路。

但是，如果用掉这么多米袋只是暂时防止了决堤，可能会有人觉得太过于浪费，因为当时大米是非常珍贵的物品。当时三成通过巧妙使用这些大米临时堵住了决口，但是大堤仍需重新修复，为此还要再花费不少人力和不菲的费用。而且，人们还不一定乐意做这些工作。结果，三成不但让人们高高兴兴地做完这些工作，还把大堤修得非常结实。从这件事，人们不仅看到了三成的聪明才智，更切身感受到了他思路转换之灵活自由。

像这样灵活自由地转换思路，对于领导者而言是非常重要的。虽然每个人都在说转换思路，但这其实是非常困难的。因为很多人都不知不觉间束缚了自己的心让思路变得狭隘。

所以，最重要的是将自己的心解放出来，将思路放宽，然后试着从与之前看待事物完全相反的方面重新审视，充分利用各种机会反复进行尝试。经过这样的训练，就可以随时转换思路来解决问题。

自我激励
领导者要每天鼓励自己奋发图强

　　山中鹿之助是日本战国时期有名的豪杰，据说他经常向神明祈求"赐予七苦八难"。有人对此感到非常奇怪，所以问其原因。鹿之助回答道："人啊，如果不经历各种事情，连自己都搞不清自己的心和力量。因此我想挑战各种困难，深度了解自己。"

　　世间有纷扰，挥不去有新愁；只要身还在，必当全力以赴。

　　据说这首和歌就出自鹿之助之手。
　　人们在向神明祈祷的时候，每个人所祈求的内容各不相同，但是总体上来说基本都是想得到神明的保佑。有人祈求幸福，有人祈求健康，有人祈求财运，但是应该没有人会祈求困难和辛苦。所以，也就不难理解周围的人为什么会觉得鹿之助的祈愿不可思议。但是，鹿之助却偏偏这么做。原因在于他想通过苦难来考验自己、锻炼自己，同时通过主动祈愿来鼓舞自己。

鹿之助的主君尼子氏被毛利氏所灭。鹿之助曾发誓自己终生唯一的任务就是复兴尼子氏，打败宿敌毛利氏。但是，毛利氏乃蒸蒸日上的大国，而己方的尼子氏残党势单力孤，几乎可以说没有胜利的希望。这么想的话，随时都有可能变得心灰意冷。鹿之助正是为了每天鼓励自己奋发图强，才向神明祈祷赐给自己七苦八难的。

说到天下的英雄豪杰，似乎给人感觉个个都是心肠坚硬似铁，但实际并非如此。比如，就连西乡隆盛也曾因为一时对前途绝望，与僧人月照相拥投海自尽。而在古巴导弹危机的时候，肯尼迪曾为了第二天的大胆决定而整晚苦恼。

遇到大事的时候，可以不安和动摇，倒不如说这才是人正常该有的样子。但是，作为领导者，重要的是必须学会自己鼓励自己奋发图强。

不战而胜
领导者必须学会不战而屈人之兵

孙子曾经说过："夫用兵之法，全国为上，破国次之；全军为上，破军次之……是故百战百胜，非善之善者也；不战而屈人之兵，善之善者也。"

《孙子兵法》给人感觉讲的应该是如何取得战争胜利。其实，正如孙子的这段话，取得战争的胜利固然重要，但更好的方法是不战而胜。

这么一说的话，果然确实如此。发动战争都是为了达到某种目的，战争本身并不是目的。所以，最重要的就是如何尽量避免牺牲来合理地达到目的。这么考虑的话，不战而胜确实是最佳选择，通过战争取得胜利只是下策。

丰臣秀吉在统一天下的过程中，当然也曾在与明智光秀的战斗中将中军置于战斗最激烈的地方，双方都死伤无数。但是，更多时候他采用的是外交策略，让对手一个个投到己方的帐下。如果是不得不战的情况，则是通过周到的准备动员压倒性的兵力，来让对方感到害怕而投降，像这样几乎不损一兵一卒就能取得胜利的情况也不少。

原来秀吉也擅长不战而胜，所以才能在如此短的时间内实现了天下一统。如果每次都靠打仗取胜，就算再怎么百战百胜，恐怕也会日暮西山。这对日本整个国家来说其实是一种巨大的损失。

这样的事情，对于今天的企业经营来说也值得参考。企业之间的竞争，到哪里都不能认输，但问题在于如何赢得胜利。如果陷入以力相搏也就是恶性竞争，最终只会两败俱伤，甚至还有可能给社会带来混乱。这种获胜的方式，在当今社会已经不被允许。所以，还是应该思考如何展开合理的竞争以实现双赢。

不论具体采用何种方法，能够做到不战而胜的人，才是真正的领导者。

学会发号施令
领导者要思考如何让命令得到有效执行

岛原之乱的时候,德川幕府最早任命板仓重昌为大将,但是九州的大名都嫌弃重昌出身低微而不愿听从命令。因此重昌指挥下的部队陷入艰苦战斗,最终他因勉强攻城而战死。

之后的继任者是被称为"智慧伊豆"的松平信纲。松平信纲虽位居老中之首,但只是一个俸禄只有二万六千石的小大名,所以一开始的时候各路大名像对待他的前任一样轻视他。

于是,信纲首先宣布"凡不听军令者,关押在幕阁,严惩不贷"。然后从将军家光那里拿到大量印有花押的白纸,每一条军令都写在纸上并且让大名立下军令状。这样一来,各位大名都感到责任重大,所以信纲的命令得到彻底执行。不久之后叛乱便被平定。

身为领导者,需要不断地下达各种命令。但是,实际上不是只要下达了命令事情就一定会顺利推进。为了能让命令按照自己的意图得以执行,领导者需要考虑相应的策略,否则难免会出现上令下不行的局面。

也就是说,所有的命令,只有让接受命令的人产生必须执行的强烈意愿才能奏效。所以,领导者必须琢磨对方的性格来考虑如何下达命令才更有效果。

一般来说,相较于由上位者单纯下达命令,通过沟通得到对方的认可更容易使自己的意图得到贯彻执行。因为,与单纯地服从命令相比,认可后执行更能发挥部下的自主性。

但是,像信纲这样,在自己的权威受到对方轻视的情况下,一味与对方沟通,反而可能会使对方更加狂妄自大。所以,只好借助将军的权威来增加自己的威严,以此让对方自觉负起责任。信纲的这一做法，在当时的情况下可以说是最佳选择。

总而言之，不是说只要下达命令就足够。最重要的是，如何下达命令才能让对手负起责任予以贯彻执行。

给出明确的目标
领导者要不断给出合适的目标

1969年7月20日,三名宇航员乘坐美国的宇宙飞船阿波罗十一号成功抵达月球,这是人类首次将足迹留在月球之上。人类登月在此之前仅仅存在于梦想之中。实现登月是无数科学家苦心研究的成果。

不能忘记的是,这一系列的阿波罗计划其实从1961年肯尼迪总统发表"在60年代末之前美国要实现人类登月"就已经开始了。也就是说,由于肯尼迪总统提出了人类登月这一目标,所以才使无数人开始围绕这一目标贡献智慧和力量,由此才实现了阿波罗十一号的成功。我觉得这是不容忽视的一大因素。

也就是说,对于领导者来说需要做的事情就是指出一个努力的目标，并不需要领导者必须掌握跟这一目标有关的知识和技能。比如肯尼迪可能并没有与宇宙、卫星相关的科学知识与技术，这些事情只要交给各位专家就可以。但是，提出目标是领导者的工作，这一项工作无法交给别人，必须由领导者来完成。当然，目标本身必须是切实可行的。这就需要领导者平时注重积累知识和见识，以便能够提出切实可行的目标。

只要被赋予了目标，那么大家就会群策群力，有知识的人贡献知识，有技能的人贡献技能。登陆月球这样的伟业，也是集中了很多人的力量才得以成就的。但是，假如没有明确提出目标，不管有多么优秀的人才，也无法明确努力的方向，最终大家的努力就没有计划性和方向性。所以，领导者要根据自己的理念和经验，不断地在合适时机提出切实可行的目标。极端一点来说，领导者只要把这一点做到位，剩下的就可以高枕无忧。作为领导者，切勿忘记首先要给出目标。

充分发挥自己的特点
领导者不结合自己的特点做事就容易导致失败

中国东汉开国皇帝光武帝在统一天下的过程中，曾经在陇西一带作战。当时临近陇西的蜀地仍处于独立状态与光武帝对抗。当时光武帝说过"人苦不知足，既得陇，复望蜀"这样一句话。不久之后光武帝再次出兵，将蜀地也纳入自己的版图。

但是，到了两百年后的三国时期，魏国的曹操攻占了陇西。当时有部下建议曹操拿下蜀国，曹操却说："吾非光武帝，既得陇右，复欲得蜀？"因而停止了进兵。

光武帝和曹操都是豪杰，但是一位说"既得陇，复望蜀"，另一位却说"既得陇右，复欲得蜀？"，截然不同的两种态度颇值得玩味。至于说哪一方是正确的，我觉得两个人都没有错。也就是说，结合当时的形势进行综合判断后，光武帝觉得攻蜀是正确选择，而曹操判断攻蜀乃错误选择。

之前有一段时间，山冈庄八的《德川家康》一时洛阳纸贵，在各行各业的领导者之间刮起了家康热。确实，德川家康是日本历史上最为杰出的领导者之一，其思考方式和功绩都有很多值得学习之处。但是，这并不意味着别人照着家康的做法行事就一定能取得成功，相反我觉得失败的可能性会更大。之所以这么说，是因为家康的做法是由家康这个人来做才能成功的。而他人无论从哪个角度来看都与家康的特点相差很多，直接照搬家康的做法是不会顺利的。所以，我们不应该模仿家康的做法，而应该从中获得启示，然后根据自己的特点加以灵活运用。

每个人都有不同于他人的特点，没有一个人跟别人是完全相同的。德川家康也不过是这所有人中的一个。所以，作为领导者应该采用适合自己特点的做事方式。

如前文所述,曹操明明知道光武帝的故事,却做出了相反的判断。这说明曹操对自己和光武帝的不同有着深刻的认识。这么看来,曹操确实可以称得上是一位伟大的英雄。

有勇气
领导者需要的是正义之勇而非匹夫之勇

孔子有一次在跟弟子们谈话的时候,对弟子颜回的品德大加称赞。孔子另一名以勇武闻名的弟子子路听到老师的话后问道:"如果老师要率军队打仗,会和谁一同去呢?"其实他想说的是"应该不会是体弱多病的颜回,肯定是像我这样的勇士"。

但是,没想到孔子说:"赤手空拳和老虎搏斗,徒步涉水过河,动不动就要以命相搏的鲁莽之人,我是不会和他一起行动的。我想要的是善于制订详尽计划并能谨慎完成的人。"没想到子路竟然在老师面前输掉了一分。

当然,孔子并不是在否定勇气。因为孔子在其他场合曾经说过"仁者必有勇"这样的话。只不过,孔子所说的勇是符合正义的巨大勇气,而不是鲁莽的意气之勇。甚至，我觉得后者根本算不上真正的勇气。

其实，我自己在这方面也曾经受过他人的教诲。当时我刚创业几年，对手公司开始进行极其乱来的低价竞争。因为当时我也还年轻气盛，所以就想着"好吧！这样的话就跟你把价格竞争到底，既然开战就绝对不会输"。然后我去找某位高僧去商量这件事情，结果那位高僧这么回答我：

这个事情挺有意思。如果你是孤身一人的话，那可以大干一场。但是，你现在还有那么多员工，他们有自己的家庭，而你是整个公司的主心骨。这种时候想着正面对抗只能说是逞匹夫之勇。主心骨可不能被自己的愤怒左右，逞匹夫之勇。

听到这样的话，我也觉得言之有理，所以经过重新考虑后没有与对方开展低价竞争。我还是选择了自己认为正确的道路，最终提升了客户的信任度，获得了事业的成功。

领导者应该具有足够的勇气，但这种勇气不能是匹夫之勇、意气之勇，而是充分考虑什么是正确的，应该做什么，在做这些正确的、该做的事时，有"虽千万人吾往矣"的真正勇气和大义勇气。

处治思乱
领导者要有处治思乱的心态

在朝鲜打仗的加藤清正,受丰臣秀吉召唤从前线返回,途中在密阳这个地方受到友军大将户田高政的款待。此地周围二三十里都在日军的控制之下,完全没有敌军的行动踪迹,治安也很安定,所以高政和家臣都穿着常服来迎接清正。但是,清正一行人全都穿着要开赴战场般的整齐军服。进入城内,清正打开挂在腰间的袋子,里边装着三升米、干大酱和若干银钱。

看到清正的打扮,高政颇有几分不悦:"这一带没有敌人,你为什么还这么一副正儿八经的打扮呢?"清正回答道:"你说的一点没错,但是所有令人意想不到的大事都源于麻痹大意。如果因为没有敌人就放松警惕疏于防备的话,万一遇到紧急状况，之前的战果就会全部化为乌有。即使不出现这样的紧急状况，下边的人都还动不动就疏忽大意，更不用说身为大将之人只要有一点放松，下边的人就会效仿从而整体都缺乏警惕。正是为了避免出现这种情况，所以我才不辞辛苦地这么做。"高政对此由衷地佩服。

人总是动不动就会避难就易，所以只要太平无事的状态持续一段时间，就都会甘于安逸。等到发生了什么事情，又会陷入无所适从的混乱状态。针对这种情况，古人用"处治思乱"这一成语来告诫我们。

谁都希望无风无浪的稳定状态一直持续下去，但是世事无常，不知道什么时候就会出现无法预知的事态。所以，即使是在和平顺利的时候，仍要不忘混乱和逆境，无论是在心态方面还是实际准备方面都要做到物质心理两方面不懈怠。

这样的心态，对于普通人来说也是非常重要的。但是，正如清正所说，不管怎么样，领导者应该率先留心。如果领导者身处治世而忘乎所以，即使下边的人再怎么提醒处治思乱，终究还是无济于事。但如果只是下边的人做不到处治思乱，领导者能秉持处治思乱的心态，自然就会有应对的方法。

理外之理
领导者必须知晓超越常理的道理

在中国的战国时期,赵国有一位名为赵奢的将军。当时,秦国进攻赵国的某地,将该地团团包围。赵王向众位将军询问是否可以救回此地,大家都说此地路远险阻,很难做到。唯有赵奢说,正因为路远险阻,所以在那里战斗才会狭路相逢勇者胜。于是赵王派赵奢率兵前往,果然赵奢击败秦军将此地收复。

日语中有个词语叫作理外之理。从理论上来讲一加一永远等于二,但在现实里却不一定都是如此。有时候一加一等于十,还有时候可能会变成负数。如果不知道这个道理来考虑事物的话,往往会导致失败。

原本理外之理的意思是,有更高的道理或者看不见的道理在发挥着作用。抓住这些东西，就会明白理外之理。

路远险阻所以很难救援，这是谁都能想得到的事情，可以说是普通的道理。但正因如此，勇敢的一方才会获胜，这就是超越普通道理的理外之理。也就是说，赵奢属于掌握了理外之理的那类人。

赵奢的儿子赵括头脑聪明，学习兵法。有一天父子二人讨论兵法，父亲赵奢都无法辩驳儿子的理论，但是他却没有表扬儿子。妻子问他原因，赵奢说道："打仗是生死大事。而赵括只有理论，轻视了打仗这件事。如果将来他做了将军，会给国家带来灾难。"

赵奢死后又过了数年，赵国与秦国再次开战，赵括被任命为将军。然后赵括按照自己的想法将所有军令推翻重来，结果在跟秦军的战斗中大败，损失了数十万大军。最终导致赵国的国运一蹶不振。

结果，越是有学问，越是从理论出发看待事物的人，越容易受制其中而忽视理外之理。当然，学问和理论都很重要。但是,作为领导者绝对不能仅仅囿于学问和理论,还应该时刻注意抓住更高层次的理外之理。

再三谦虚,再三感谢
领导者必须是团体中最谦虚和懂得感谢之人

在前文中,我们通过回顾历史人物思考了领导者应具备的条件和素养。虽然这些都是伟大的先人,但在当今社会的各行各业中也有一些不逊于这些先人的杰出领导者。其实,在我最近有机会见到的各位人士中,就有好几位作为领导者取得了非凡的成果。其中既有经营企业的,也有某些团体的领导者。不管怎么说,他们都是不但业绩丰硕,而且人品也令人敬仰。

对于这些人平时都在思考什么样的问题,或者做出什么样的实践,其实我了解的并不是特别详细。但是,从对话的细微之处可以深刻感受到,他们都在以自己的方式考虑和践行着我前文所列出的 101 条内容。这些杰出人物尤其令我印象深刻的一个共通点是，无论哪一个人都非常谦虚，而且都非常懂得感恩别人。这也可以说是我迄今为止遇到过的所有优秀领导者的共同点。

就算是在经济如此不景气的大环境下，有一位企业经营者仍然取得了良好的业绩，但是他却并没有丝毫的骄傲。只是说"非常难得，业绩增长得太快，自己都觉得神奇"，然后还向我请教如何才能更好地集思广益。

还有一位事业蒸蒸日上的某团体的领导者，每次我前去拜访的时候，他都比约好的时间提前十分钟来到玄关处等候，而且还毕恭毕敬地迎接我，让我感到诚惶诚恐。虽然他们团体事业繁荣，从他身上却看不到一点点的骄傲自满。

这样的人虽身为自己公司或团体的领导者，却最为谦虚，最懂得感谢他人。而且无论是对内还是对外，都能一直以这样的谦逊态度待人。所以，无论是谁都会对他产生好感，这样一来，内部外部众人的智慧自然而然就都会汇集到他那里，成为公司发展、团体兴隆的强大驱动力。

　　谦虚和感恩，我在之前的文章中都曾提及。但是我从最近的体验中再次深刻感受到其重要性，所以特意将其放在本书的最后加以强调。

后 记

在前文中，我阐述了101条领导者应该做的事，这些都是我在向历史上的杰出人物学习的过程中领悟和总结出来的。毕竟关于历史方面的知识我也还有很多欠缺，所以在引用历史事例的时候，其解释可能会有不当之处。但是，我在反复读这些历史故事的时候，对先人们的光辉足迹产生了源源不断的兴趣。这些故事也让我有了很多自己的思考，"原来如此，这个时候应该这么思考问题，这么来行动"。所以，历史的解释可以多种多样，应用的方法也可以不尽相同，但是作为领导者，我建议大家重视书中的内容，结合自身的思考加以应用。

当然，对于领导者来说重要的东西，远不止书中所列的101条。但是，这101条中的任意一条对于领导者来说都是不可或缺的。当然各个项目之间并非相互独立而是互有关联的。另外，其中任意一条拿出来，想要做好都需要莫大的勇气，而且很难做到完美。所以，如果想把这些全部做到完美，恐怕只有神仙才可以做到。我在写这本书的过程中，也重新感受到自己平时做得是多么不够。

从我自身的体验和见闻来看，作为领导者，有的能做到80%，有的能做到30%。但是，关于这101条内容，应该多少都要予以考虑和实施。如果有人在某个项目上得分为零，不管他在其他项目上多么优秀，那这个人距离理想的领导者还有着一定的差距。

作为领导者，哪怕手下只有三个人，同样也需要承担起沉重的责任。更不要说一个大团体、大企业的领导者，甚至是一国的领导者，其责任更是重大无比。身处领导者立场的人，需要深刻认识到责任的重大程度。

重新审视当今日本社会各界领导者的现状，无论是政治方面、教育方面，还是企业经营方面，也并非所有方面都是合适的。虽然领导者的责任，在某种程度上得到了思考和认识，但是，在彻底贯彻方面是不是有所欠缺，看待事物是不是有不妥当的地方，信念是不是不够强烈，这样的情况是不是导致了今天的混沌状态。我觉得在这些方面仍有需要反省之处。

其实，不管是国家还是团体、企业，只要领导者秉承一定的理念、信念、使命感来运营的话，大部分情况下都会按照领导者的想法开展实施。只要领导者有正确的指导理念、正确的使命感、正确的信念，整个集体就会按照领导者的想法来运转、取得成果、实现发展。所以，领导者的责任非常重大。作为领导者务必经常在内心自问自答，自己的指导理念是否有纰漏，自己是否有正确的使命感和信念，自己的做法是否合适。此外，还可以不断请教别人，勤于探讨。

所以，领导者必须是最善于听取他人意见，善于学会集思广益的人。同时，领导者还应该学会严以律己、宽以待人，对他人有开阔的胸襟和宽容心。领导者也是一个一个的人，当然也会有各种欲望。但是，领导者应该尽量避免囿于自己个人的欲望，而是应该有为团体考虑，为国家考虑的伟大"欲望"。

上述几点，其实已经在本书的各节中提及，回头来看越发觉得重要，所以在这里再次赘述。

其实前人已经为我们留下了大量的教诲，为我们树立了很好的榜样，我们需要做的只是素直地借鉴和吸收，结合自身实际活学活用这些智慧而已。至于为什么很多人做不到，我认为很重要的一个原因是大家（特别是领导者）被自身的得失心、感情、欲望、知识局限住了，丧失了素直之心。如果不具备一颗素直之心，再好的道理对你也发挥不了作用。

所以，对世上各个层次的领导者来说，最重要的事情就是首先要随时提醒自己不忘素直之心，并加以培养提高。素直之心对领导者，以及将来要成为领导者的人,甚至每一个普通人来说,都是最重要的基本心态。我自己也在不断思考这些事情,平日尽量努力培养素直之心,以自己的方式学习本书的每一条内容,争取学好必修课。

本书日文版由PHP研究所于1971年1月出版发行

作为全球知名企业家，松下幸之助曾经影响了不止一代经营者，其经营理念、人生哲学备受全球读者推崇。伴随我国经济社会不断发展，中小企业越来越活跃，其对学习如何经营企业的需求愈发旺盛。为满足众多企业家的阅读需求，我社与松下幸之助先生创办的PHP研究所深度合作，陆续引进了PHP珍藏书系。目前已出版发行十余种，其中松下幸之助的代表作《天心：松下幸之助的哲学》备受欢迎。今后我们还将有计划地陆续推出"松下幸之助演讲集"等系列作品。

已出版的松下幸之助经典作品

①《天心：松下幸之助的哲学》(平装)（精装）（口袋版）

天心是松下幸之助人生和经营思想的原点，是他勇夺时代先机、实现制度和技术创新的秘诀，更是广大读者学习"经营之神"思维方式的必读书。

②《成事：松下幸之助谈人的活法》

做人做事向往美好，从善的角度思考。想方设法做成事的强烈热情是创造的源泉。

③《松下幸之助自传》

松下幸之助亲笔所书的唯一自传，完整讲述其成长经历和创业、守业历程。精彩的故事中蕴含着做人做事的深刻道理。

④《拥有一颗素直之心吧》

素直之心是松下幸之助经营和人生理念的支点和核心。素直之心是不受束缚的心，是能够做出正确判断的心，一旦拥有素直之心，无论经营还是人际关系抑或其他，都会顺利。

⑤《挖掘天赋：松下幸之助的人生心得》

松下幸之助遗作、90岁成功老人对人生的回顾与思考，凝聚 生感悟。充分挖掘自身天赋、发挥自身潜能，才能度过充实而精彩的人生。

⑥《如何工作：松下幸之助谈快速成为好员工的心得》

怎样快速成为一名好员工？松下幸之助在三部分内容中分别面向职场新人、

中坚员工、中高层管理者三类人群有针对性地给出中肯建议。

⑦《持续增长：松下幸之助的经营心得》

如何在艰难期带领企业突围和发展？松下幸之助结合自身半个世纪的实践经验，从经营和用人两方面道出带领企业逆境中稳步发展的真髓。

⑧《经营哲学：松下幸之助的 20 条实践心得》

一家企业想做久做长离不开正确的经营理念，"经营之神"松下幸之助基于自身五十多年的实践经验指出，坚持正确的经营理念是事业成功的基础和必要条件。

⑨《经营诀窍：松下幸之助的"成功捷径"》

企业经营有其内在规律，遵循经营的规律、把握其中的诀窍至关重要。松下幸之助在书中分享了自己经营企业五十多年间积累下的 37 条宝贵心得。

⑩《抓住商业本质：松下幸之助的经商心得》

企业要少走弯路，就得抓住商业本质，遵循基本逻辑。本书凝聚了一位国际知名企业家对商业本质和企业经营规律的深刻理解。

⑪《应对力：松下幸之助谈摆脱经营危机的智慧》

松下电器自成立以来经历了战争、金融风暴等重大危机，卓越的应对力使其在逆境中实现成长。应对力是帮助企业摆脱困境的法宝，是领导者的必备素养。

⑫《精进力：松下幸之助的人生进阶法则》

精选松下幸之助讲话中的 365 篇，可每日精进学习其对人生和经营的思考。

⑬《感召力：松下幸之助谈未来领导力》

感召力是一种人格魅力，是面向未来的最有人情味的领导力，本书旨在帮助有理想的普通人提升感召力。

⑭《智慧力：松下幸之助致经营者》

讲述了满怀热情、肩负使命、坚守正道、成就尊贵人生的智慧。

⑮《道路无限》

松下幸之助人生哲学经典读本，写给青年的工作和人生忠告。改变了无数人命运的长销书，20年间重印高达78次。

⑯《开拓人生》

松下幸之助创作的人生随想集，作者随时想到随时记录下的人生思考。针对当下社会内卷，赋能人心，带来治愈、激励和力量。